SEVEN-POINT COOL SEVEN

七分酷

SEVEN POINT

王小七 著

北京时代华文书局

Wilson
COMPOSITE LEATHER
NCAA
REPLICA GAME BALL

THE BAY
30

推荐序 一

喜欢库里的女孩子不简单

文/张卫平

著名篮球评论员，中国男篮传奇球星

库里，是改变篮球风格之人，是一个时代的弄潮儿。因为他的三分球，NBA进入小球时代，这对于我打球的那个年代来说，简直不可思议。库里的存在，就是这个时代的篮球的意义。我说这些话，一点儿都不夸张。

也因为他的三分球，他才风靡全世界。加之帅气的外表，库里在整个世界都吸引着无数粉丝。男生们开始模仿他打篮球，秀3分，时不时地来个夸张的庆祝动作；而女生们则倾倒于他的帅气外表，陶醉于他的爱情故事，这样的优质偶像太吸粉了。

在库里的亿万粉丝当中，王小七就是其中一个。

按照年龄来说，小七可以叫我张爷爷，但是这不妨碍我们成为工作上的搭档。尤其是猛龙队与勇士队那一年的总决赛，我们俩搭档制作了一个视频节目，反响效果非常不错，而小七也给我留下深刻的印象。

一个勇士队的死忠粉，库里的忠实球迷。在那一段时间内，她几乎为库里和勇士队赢球绞尽脑汁。但是因为伤病，那个赛季的勇士队最终折戟。小七也只能黯然落泪。我当时安慰她说："下个赛季再来。你为了勇士队已经做得非常多，你是一个合格且专业的库里粉丝。"

我一直觉得，女孩子做NBA的女主播或者女解说员，很不容易。挑剔的球迷，不只看她们的颜值，还会看专业知识。小七就是在不断进步，在自己的岗位上提升自己。士别三日当刮目相看，我对小七最直观的看法是：每一次有新的工作和她搭档，她总能带给我新的惊喜。

我知道，很多粉丝朋友将小七称为中国最美的女库蜜。是不是最美的，我不敢确定，但是小七可能是最幸福的一个。因为工作的原因，她多次采访库里、制作库里的节目。这就是她这个工作的优势。

小七现在已经尝试往解说岗位上转换，这是一个了不起的挑战，尤其是对女孩子来说。我也期待小七能够给更多的球迷朋友带来惊喜。如果说库里是改变篮球的一个人，那么喜欢库里的小七也不简单。

她跟我说，她的书名字叫《七分酷》，我起初不太懂。她跟我解释之后，我发现这本书真的很酷。预祝小七的书销量如库里的粉丝一样多。

推荐序　二

长江以北，小七最美

文/美娜

著名主持人

七姐，是我在NBA主播这条路上的好搭档。

我们共同前行，共同去解决直播中遇到的很多问题。很多时候，她给予我很多帮助，借此机会向她表示谢意。

我相信很多朋友都觉得七姐在主播台上是那么温柔、可爱、动人，但是在我的眼中，那时候的七姐是酷酷的。她教会我在直播台上如何信手拈来。

七姐，是我在生活中不可多得的朋友。

久而久之，我与七姐成了无话不说的好闺蜜。我们一起去吃烧烤，为了控制身材，我们两个总是互相监督。但是每次开吃的时候，我们两个就成了互相喂食的小伙伴，将控制身材的理念抛到了九霄之外。

生活中，有时候我会遇到感情、工作等困扰。我总会去找七姐诉说，然后七姐就说：“来，靠在姐的肩膀上！”生活中柔弱的七姐，此时很有阳刚之气，

真的酷酷的。

七姐，是我篮球生活中的“小敌人”，是我的球友。

库里与詹姆斯，连续多个赛季在总决赛中交手。那时候，我和七姐的关系也是“剑拔弩张”，她是库里死忠粉，我是詹姆斯死忠粉。我俩为了比赛，见面掐、微信掐、吃饭掐，很是不亦乐乎。但是这一切影响不了我们之间的感情，我们是真正的球友。

勇士队今年在附加赛中连续输给湖人队和灰熊队之后，无缘季后赛。七姐在演播室流下了酸楚的泪水。很多网友质疑七姐太感性了：这是比赛直播，让获胜队怎么想。但是我支持七姐的真情流露，她那一刻虽然哭了，但是酷酷的。

七姐，是“长江以北，小七最美”的七姐，如果我是一个男的，我一定追求她。

怎么形容七姐呢？可甜，可柔弱，可硬气，可风情，可落落大方，实在是可人啊。这就是我眼中的七姐，这样的女子，你怎能不爱呢？

七姐的粉丝，用“长江以北，小七最美”的口号支持着她。当然不仅仅是因为七姐支持库里、支持勇士队，更是因为那个真实的她。你见过七姐那飒爽的舞姿吗？你见过七姐那敲架子鼓的霸气吗？这样酷的七姐，你怎能不爱？

酷，酷，酷，酷。这才是四分酷，七姐的书为什么叫《七分酷》呢？因为库里的三分很酷，喜欢库里三分的七姐更酷。这是我对《七分酷》的理解，赶紧去阅读七姐的这本书吧，太酷了。

推荐序　三

一个像夏天，一个像秋天

文/余霜

著名主持人

写在开始：

初次相逢被你的美惊艳，却不顺眼。

时光慵懒，我们拥有了密切的情感。

一个像夏天，一个像秋天。

却总能把冬天的寒，变成春天的暖。

如果不是你的甜，我不会高喊，

朋友比情人更懂得咸淡。

小七，我的校友。

我们是中国传媒大学同一届的学生，但不同班。然而命运有时候就是那么有趣，因为很多公共课都是一起上，甚至有时候出早功（练习发声）都会遇到，所以也渐渐熟悉起来。谈笑间的相处，拉近了我们两个之间的距离。

仿佛还记得那一幕，第一次看到她，惊为天人。我们学校，是一个不缺少美女的校园，在美女如云的人群中，一头短发的她又是那么显眼。而随着时光的推移，现在的小七更加成熟却依然有着校园的芳香。“美人在骨不在皮”，或许就是对她最好的评价。

小七，我的战友。

大学的时候，我和小七经常会接一些主持工作。我们两个一起去参加活动，可以说在主持这个岗位的开端，我们两个是互相扶持的战友。从青涩到熟练，从拘谨到自如，我们一起并肩前行。

毕业之后，小七成为篮球主持人，而我成为电竞主持人。同为体育领域，让我们在主持这项工作上，得以继续肩并着肩，手牵着手。工作中形形色色的突发情况，我们一直都在互相帮助和互相鼓励着。得一这样的工作战友，真的很幸福。当然，我们还是游戏中，并肩作战的黄金搭档，赢了一起狂，输了“骂”对方。

小七，我的密友。

从校园进入社会，从工作中接触社会。我们都在发生着改变，但是我和小七之间的情谊越来越深。小七依旧是那个懂得倾听，大大方方，温柔体贴的样子。在她这里，我没有任何防备和戒心，我愿意对她敞露心扉。

每次见面，从工作到生活，从情感到游戏，从天南到地北，我们一直有说不完的话，道不完的故事，生怕这么久不见错过了哪些细节。我想随着年龄的增长，即便再苦心经营的一段友谊，也比不过“恰同学少年”。这份情，时间淡不了，空间淡不了，距离淡不了。

看到她工作的样子，我会觉得很自豪。看到她专注的神情，我会由衷的欣赏。因为我知道，她在为了自己热爱的事业而努力，一起成为更加优秀的人吧！看到她的新书《七分酷》，我更是无比的高兴，大卖，大卖！

写在结语：你了解我所有的得意，才常泼冷水怕我忘形。谢谢你，小七！

自 序

不敢相信我能写书

文/王小七

2021年4月2日这一天，我收到了段冉老师送我的一份礼物——他的新书精装典藏版的《库里传》。我在书中写了一个序，是写给库里的。

这本书是一个很大的礼盒，我爱不释手。段冉老师写的《库里传》，肯定是极好的。当时我脑子里有一个想法一闪而过：我能不能写一本属于自己的书，书里面有大篇幅的内容让我去描述库里呢？

我承认我当时真的只是瞎想。

然而仅仅过了两天，我收到出版社编辑的邀约，他们约我写书，写一本和自己有关、和库里有关的书。我真的受宠若惊，时至今日都不敢相信这会发生。

我没有什么文笔，平时喜欢在自己的公众号上简单卖弄下，抒发一下自己的情怀。遇到感情危机，我会抱怨下；库里输了，我会感慨下；朋友的生日、婚礼，我会祝贺下。这可能就是我之前写的最多的文字。

我真的不知道该如何去写一本自己的书，用怎样的文字风格。后来，我就从真实的角度出发，写下了这本书的内容，希望朋友们认可我的叙述，在看到这本书之后，不要抱怨浅薄枯燥的文字。

我的生活也没有太多波澜壮阔的故事。于是，我将生活中很多琐碎的事情写到书里。我的家人，我的朋友，我的同事，我的粉丝，我用我自己内心深处的想法，去描述我身边的这些人，他们都是最可爱的。

我的家人，一直陪伴着我，他们给予我最美好的港湾。无论外面的风有多大，雨有多急，在这个港湾，我不会被刮倒，不会被淋成落汤鸡。

我的朋友，每个阶段，他们扮演着不同的角色。我看着他们的喜怒哀乐，看着他们的柴米油盐，想到自己的点点滴滴。

我的同事，他们有的是前辈，有的是后生，有的是搭档，有的是闺蜜。每个人身份不同，角色不同，但都是我故事中不可缺少的角色。

我只是一个小主播，当我拥有了一群支持我的人，我的内心泛起的是一层层幸福的涟漪。这群可爱的粉丝，总是陪伴着我的每一次直播，无论胜利还是失败。

我的生活，整体看起来很平淡。但是我又想说，我的生活很酷。于是，我给自己的书起名叫《七分酷》。家人酷，朋友酷，同事酷，粉丝酷，当然还有我的库里，那是三分酷，加起来就是七姐很酷。

希望所有的人喜欢这本书，因为每一个文字都是我认真打磨的，每一张图都是我精挑细选的。谢谢正在看书的你们，小七爱你们！

目 录 CONTENTS

1 家

2 竞

3 友

4

工

5

叁

UNIVERSAL STUDIOS
SCENE
TAKE
DATE
PROD.CO.
DIRECTOR
CAMERAMAN

6

梦

家
HOME

相声、泥人、狗不理、麻花……

这是“哏儿都”天津绕不过的名词，这是一个非常接地气的城市。这座祥和的城市孕育了乐观、积极、友好的人文气度，摩登又典雅的生活中掺杂着动人的烟火气，让每一位到来的人乐在其中。当然出生在这里的人，也是随时都在享受着这里的一切。

很开心，我就出生在这里，这是我的家乡。

爱玩、好热闹、擅耍嘴皮子、强烈的好奇心，这些都构筑起津门故里的人文风韵。我自认为是一个非常典型的天津姑娘。因为现实中的我，很爱玩，也很萌。生活态度，也是如此。

我出生在一个幸福的大家族，家族中兄弟姐妹很多。因为在家族孩子一辈排行老七，从此我就叫王小七，这便是我如今昵称的由来。

朋友说，小七是一个漂亮的姑娘，小七说，小七是一个好姑娘。江湖上也流传着这样的传说：长江以北，小七最美……

因此，这本写自己的书，肯定要从家说起。

家，一个字，却意味深长。

家，是成长的避风港，是你一生最温情的归属。

家，是喊出一声爸、妈，那掷地有声的回应，每次回家桌子上总有洗干净的水果。

家，是随时都在发芽的幸福。

家，是春夏秋冬，是五谷杂粮，是柴米油盐酱醋茶。

爸爸，妈妈

我的妈妈是一个大美人，温婉端庄，眼神深邃，清澈如一汪秋水。爸爸这样形容妈妈，“她很漂亮，校花，鹅蛋脸，细眉薄唇，温柔如水”，因此我经常好奇：当年爸爸是如何抱得美人归呢？当然，我的爸爸也很优秀，是他带着我打游戏、看足球、看篮球。

我时常想象妈妈年轻时候的模样，那双大眼睛灿若星辰，得有多少青年曾经为她如痴如醉呢？我常常会为自己是她的女儿感到自豪，因为妈妈是我的女神。当然我也常常因为她的守旧而跟她大吵大闹。很开心，她把最好的基因都遗传给了我。从此“长江以北，小七最美”。

妈妈又很严格，用要求自己的标准要求我，记得幼儿园时我就经常被她强制丢在图书馆看画报，晚上还要向她汇报。那个时候妈妈很忙，她却在有限的时间里，依然“压榨”着还是一个宝宝的我。

现在我还向她吐槽，人家小朋友在那个年纪还在睡午觉、吃棒棒糖，我却必须看画报。她也会心地笑笑，然后吐出一句：“没有那时候的你，怎么有现在的你？”这句话就像真理一样，让我无法还击。在父母的心中，谁不是望子成龙、望女成凤？

到如今，我早已长大。但是妈妈还在唠叨我那些

我们一家三口的合影

FAMILY

让她看不顺眼的地方，从前不反驳是害怕，现在不反驳是明白这是她的关心。

我的爸爸曾经是一名足球运动员，他也把对体育的热爱传给了我……

尽管我常常觉得爸爸会遭到妈妈的抱怨，但我非鱼，焉知鱼之乐，我爸或许把那些话当作了甜言蜜语也说不定呢。

我们家严母慈父，他们的相互作用伴随着我成长。我常常会为自己是他们的女儿感到自豪，因为他们是我的守护神。

生活越来越丰富，我总是开心地向爸爸妈妈分享我的故事："我们拍了班歌的MV""有个男生我觉得还不错""我们老师让我用rap播新闻""去腾讯播NBA，学会了好多地方的方言""在外常以'广院人'的身份自居"。

爸爸妈妈也在努力跟上我的节奏，可是有的时候他们不能理解所有笑点，也搞不清我为什么要那样播新闻，混淆我说了几遍的同学名字。

二十多年了，第一次，他们似乎对女儿的生活不那么了如指掌。

妈妈不能完全弄清楚我的工作：王者荣耀是什么？为何直播又要站在那里？我还是想尽可能地让她理解这些，努力地讲给她听，虽然她还是很难明白。因为我不想让他们变成我的世界的旁观者，其实在这个世界上，他们才是我生命最大的参与者，更是伟大的创造者。

现如今，我慢慢发现，妈妈训斥我的声音变少了，开始和我商量；她不再领着我，走在前，开始挽着我，微微侧身在后；她不再告诉我该如何去做，开始和我一起分析前因后果。

“女儿长大了”，听到这句话的时候该欢喜还是唏嘘？当我们长大了，父母也在渐渐变老。工作之余，我们又有多少时间陪伴在他们身旁呢？

小的时候都是我爸带着我玩。我爸是一个内里文艺、追求浪漫、特别洒脱、崇尚自由的人。如今赋闲在家无所事事，他干脆跑去老年大学重新读书，每天泼墨写字，过得踏实快活。

我爸有一个擅长的领域——玩游戏。对此，我妈很难认同。

我妈属于那种一板一眼的强势女人，骨子里保守，生活上严肃，排斥新事物，却掌握家中大权，还对我爸的爱好存有很深的偏见。她始终认为我爸爱玩游戏是玩物丧志，一个成年人的独立人格与道德操守不健全。

这种性格、这种人物，一般都是电影里衬托主角的绿叶，在我青春年少的日子里，我妈就扮演着这个角色。

哪里有压迫，哪里就有反抗。我和我爸不动声色地组成了“抗妈联盟”。

我爸还跟我开玩笑：“我们这样是不是沆瀣一气、狼狈为奸啊！”

我义正词严地纠正他：“我们这是同仇敌忾、惩恶扬善！”

忘记是读初几，我生病了，爸妈带我去看医生，医生知晓我喜欢吃辣，就千叮万嘱这几天千万别吃辣，不然病不容易好。

回到家里，我妈天天清汤寡水地喂我，简直就是养兔子。我都瘦了。

刚好赶上我妈晚上加班，我就跟我爸说想吃麻辣火锅。我爸犹豫了一下，还是允了。我们在家附近吃了一顿“战斗火锅”，就是担心我妈突然回来，把我们俩抓了现行。

吃完火锅回到家里，我爸让我赶紧洗澡换衣服，他则接连抽了几根烟，试图让香烟味盖过火锅味。

我们终究还是顺利过关，却也发生了一点小插曲。

我妈回来后，就在那里自言自语：“家里怎么有火锅味？”然后就去质问我爸：“你们晚上吃什么了，怎么有一股麻辣火锅味？”

我当时紧张极了，没想到我爸非常淡然：“是你想吃火锅了吧？你忘记医生怎么叮嘱的？你还在这里说，这不是勾孩子嘛！”

我非常配合地投以期待的眼神，我妈看后觉得非常后悔，就安慰我：“等你病好了，妈妈就给你做，你现在可不能吃，妈妈刚才闻错了。”

我歪倒在妈妈的怀里假装乖巧：“我一点儿也不想吃麻辣火锅。”我爸躲在妈妈的身后，憋着笑。

回忆起这些点滴，泪点就变得很低，也很有感触。生活总是在点点滴滴中发生并改变着。我和所有的同龄人一样，都在经历着成长和改变。此时我也发现，时间还是慢点比较好，因为爸妈都老了。

记得那份爱

如果在爸爸妈妈之外，找寻一个我最亲近、小时候带给我最多快乐和回忆的人，我想，这人应该是我大娘。

我大娘跟我爸一样常常维护我。

大娘是我大伯的爱人，她是我爸妈以外对我最好的人。

大娘的声音清脆洪亮，尚在拐角还看不见的地方，已能听到她和路人邻居乐呵呵的招呼声。直到此时，我如果听到洪亮的声音，也总会想起大娘。这或许就是“余音绕梁”的另外一层含义。

在我很小的时候，我爸妈工作太忙，没有多少时间管我，于是就把我交给了大娘。从幼儿园到小学，我基本都是大娘带大，她待我就跟亲闺女一样。

大娘家的经济条件一般，但她家里只要有好吃的，都会拿出来给我，有我想要的东西，也会给我买。小时候我一点也不懂这些，如今才体会到大娘的疼爱。

有一件事我记得特别深，小的时候我在别的小孩家看到一个桌游，就特别羡慕，很想要。我就跟大娘说我想要。大娘带我去店里问了，或许因为价格有点高，然后大娘面露难色，就带我回家了。

不知道
有多少人
认得
我当年玩过
的
东西

回到家里，大娘对我说，她现在不能给我买那个玩具，不然家里就没钱吃饭了。但等她下个月发了工资，就可以给我买。我当时以为大娘是哄我开心的，没想到大娘真的给我买了。

我记得那天放学，她来接我回家，路上把我带到桌游店里，直接把那个东西买回来了。我当时特别开心，并不懂得这些钱对大娘意味着什么。现在想起来，我真的很愧疚。

大娘对我的好，我从小就知道。所以我跟大娘特别亲，也经常到她家里玩，大娘也乐得让孩子们到她的院子里玩耍嬉闹。我们在大娘的院子和屋子里跑来躲去捉迷藏，嘻嘻哈哈的欢叫经常逗引起大娘爽朗的笑声，小院也因此充盈了生机。大娘从屋里拿出自己都舍不得吃的糖果、饼干分给我们，表达她对我们的喜爱。

大娘聪明睿智，她从小家里穷没读过书，但她通过自学认识了许多汉字。她每天忙完一大家子的繁重家务活儿，闲暇时拿起那些发黄的书，读得津津有味。然后再把其中有意思的故事讲给我们听，左邻右舍几十个孩子都是她的忠实听众，仿佛大娘的嘴里总是有讲不完的故事。

我跟堂哥一起长大，不是亲哥，也差不多了。我们俩都特别淘气，从小就闹得不可开交，但大娘总会站在我这一边，然后凶我堂哥："你一个堂堂男子汉，天天欺负你妹妹，算什么事！"

我堂哥跟我闹，主要是因为经常被我嘲讽，他很多游戏都玩不过我。我大娘把桌游买回家后，我和我堂哥每天都要大战几个回合，他常常输多赢少，内心很不服气，就想在言语上占得上风。我一个丫头片子，哪里容得他放肆，他很快就气得不跟我玩了。

但是第二天，他还会找我来战斗，美其名曰复仇。但最终，不过是受过的伤再来一次。不管多么痛，都没能让他领悟，哈哈哈。

玩归玩，闹归闹，我和堂哥的关系真的很好。上大学以后，我也会自己主持一些发布会、车展等活动，赚一些钱。每次回家，我都会给大娘他们买礼物，出差也会给他们带土特产。

我就是特别想报答大娘。但是非常遗憾，我大学毕业后没多久，大娘就因病离开了我，我特别难过。

每个人的成长，除了父母，总会遇到一些让你铭记一生的人。我的大娘，愿你在天堂幸福。

DEMON

特殊的陪伴

大三的时候，我去腾讯实习了两个多月。在这两个多月里，我干了一件大事，就是给我们家“添了丁”。

有一天下班，我经过一家卖狗的店，发现一只狗特别可爱。我轻声唤它，它和另外两只小狗一起向我跑过来。

我一眼就相中了它，就花钱把它买回了家。

我给它取名Demon。

把它带回家也就一周左右，它患上了非常严重的疾病。我一个人在北京，带着它去了三家宠物医院，医生都说小狗太小，很难治疗，各家都给它下发了“病危通知书”。

宠物医院的医生们说，Demon的病致死率高达90%，劝我给它安乐死。医生们还告诉我，这种病是有传染性的，医院也不愿意留它在那里治疗。

Demon似乎听懂了医生的话，然后就一直看着我，我走到哪里，它的视线就跟到哪里，生怕我放弃它。

它一直叫，没有力气的四肢也一直往我身上扒。那一刻，我似乎听见了它想活下来的呼喊。

我决定不放弃。我从医院买了打针的工具和配好的药，然后让医生教我如何给Demon打针。

为了Demon，我几乎成了半个兽医。

我带着Demon回了家，每天给它喂药打针。看着它蜷缩在房间里，一点精神也没有，我开始怀疑把它带回来是不是一个错误。

但生命都是伟大的，求生的本能让Demon活了过来。蔫蔫的状态持续了近一个月，Demon开始变得活跃。它好了，我的疲惫似乎也随着它的病一起烟消云散。

一个人在北京生活，有一条狗陪伴也能抵挡很多孤独。除了狗粮，我经常给Demon带一些菜回来，给它换换口味。

有一次，我给它带了鱼吃。到家，我把鱼丢到它的碗里，就去忙自己的事情，忙着忙着突然想起来，鱼是有刺的，它可千万别被刺卡到。

我赶紧跑向Demon，却发现我的担心是多余的，它不但吃得津津有味，身边还有一小堆鱼刺。我觉得太不可思议了，狗也会吐鱼刺。

第一次给Demon洗澡也特别好玩。我调好热水，把它抱进浴室，然后关上了门。我把它抱进小浴盆，它有点害怕，一个劲地往外跑。我不断抚摸它的脑袋，它便渐渐安静下来。

慢慢地，它开始变得享受，香香的沐浴露涂满它的全身，它会用自己的爪子去戳破一个又一个泡泡。

然后它就变得很开心的样子，扑腾得更加欢快了。

洗完澡，吹干毛，我抱着它打开了浴室的门，它就像出笼的小鸟，迫不及待地想下地，跑到客厅的地毯上，左蹭蹭，右蹭蹭，特别可爱。

2016年，里约世界杯，我要去巴西出差。去巴西前，没有人能够帮我照顾

Demon 成为我的牵挂

DEMON

Demon，我就把它带回天津，让我爸妈帮我照顾一阵。结果两个月后，我从巴西回来，我爸妈的态度就变了，说Demon是第四个家庭成员，说它还小，说什么也不让我带走它。

如今，Demon就陪着我爸妈。有时候我在想，他们是不是把Demon当成了我呢。

每次回天津，爸爸妈妈都会带着Demon到车站接我。妈妈远远地站在那里，Demon跳下车向我奔跑，然后Demon就腻在我怀里，妈妈挽住我的手，爸爸站在车旁。有时候抬头，月亮会从乌云身后露出小小的一角，有些可爱。

回到家里，夜很安静，凉风清清，床单柔软，暖灯安详，Demon也轻鼾阵阵，这总能让人想起很多事情。

我会抱着Demon悄悄下床，走到妈妈的房间，台灯依旧亮着，很温暖，她嗔怪我怎么还没有睡，我注意到她手头的书又换了，只是上次是哪本却怎么也想不起来。蜷缩身体躺在她的身旁，一件件的，把我最近遇到的所有事情都讲给她听，Demon也睡得很香。

第二天晚饭过后，收拾行李箱，Demon便知道我要走，一直跟在我的身旁，站在行李箱里，不让我封箱。妈妈会把它抱到怀中，Demon汪汪地冲我发脾气。

妈妈送我到车站，我脱口而出："妈妈，我回去了。"下车后我突然有些感伤：究竟从什么时候开始，我开始用"回"北京，而不是"去"北京了呢？好像已经很久了，久到早已习惯。

可是，那里终究不是我的家乡，只是在那里，有我现在的生活，即便在家更轻松，我也不能再多待一刻，即便爸妈再想留我，他们也不能强求。

很多事情是不可以说出口的，
就连父母和孩子间也是一样，
因为他们都明白孩子终究会长大，
离开，
过自己的生活，
而他们盼望的是倦鸟归巢。

走进车站前回望一眼，
他们依旧守候在原地，等待我消失的身影。
如果你上车前也曾有过回头，
你也会发现，
爸爸妈妈的眼神永远在守望。

REFLECTION

立 思 考

青春

活力

YOUNG
INTERNATIONAL

生活与节奏

my
everything
love
LOVE
JE
T'AIME
I love you
Mon
TI AMO
Babe
honey
Darling
amor
Soulmate

七言七语

世间所有的美好也不及你暖暖的笑，再美的风景也不如你吸引我，你就是我的星辰大海、我的春花秋月。爱你，七姐。

——A～H

世上有两种女孩最可爱：一种是漂亮，一种是聪慧。而七姐是聪明的漂亮女孩。

——Joker·X

如果可以，勇士一直有库里，勇蜜一直有七七，粉丝一直有我们。

——Akatsuki

我们的缘分从库里开始，很难有喜欢库里的男孩子不知道你，同样这些男孩子也很难不喜欢上你，我就是那其中一位，当然我也庆幸成为其中一位。

——库里的小学校长

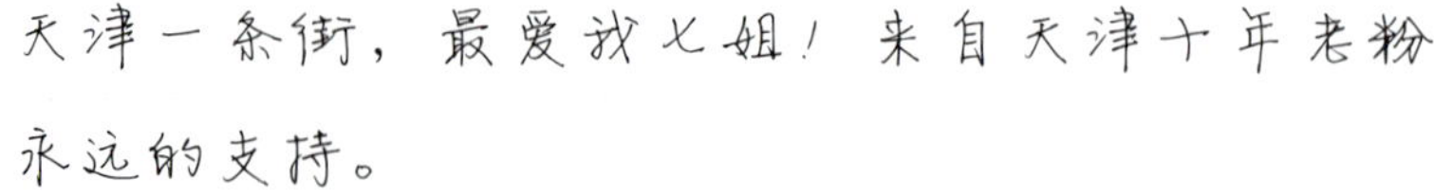

天津一条街，最爱我七姐！来自天津十年老粉永远的支持。

——曼巴

见过你哭，见过你笑，也见过很多你搞笑时候的样子，善良可爱是你的标签，认识你的时间

不是很长，但是选择支持和喜欢你却是不变的。七姐勇敢飞，我们一直在你身后。

——多巴胺小邮件

腾讯演播室里的一抹惊艳，我被你深深吸引。微博客户端上的点点滴滴，我把你默默关注。在这个特殊的地方，我把最独特的爱献给最特别的你，七姐加油，你永远是我心里最美丽最可爱最优秀的存在。

——七姐的老迷弟

你的快乐就是我们永远的幸福，你的笑容是清晨的阳光，是我们前进的动力，我们永远爱你！

——小宇

因库里认识了你，你全身充溢着少女的纯情和青春的风采，我们永远支持你，我们是你坚强的后盾。

——TLing

七言七语

七言七语

人和人相遇的概率是0.00047%，很幸运能够在喜欢库里的同时遇到七姐。因为喜欢七姐，我的少女心有了一万吨。五年七姐老粉，未来也会一直支持七姐！

——帅到你平躺

因为库里，我爱上了看勇士队比赛；因为七姐，我爱上了看腾讯直播。七姐是那种你看一眼就忘不了的姑娘，七姐的美沁人心脾，七姐最美，我们爱你！

——我的水瓶座女孩

因为库里所以认识了你，因为你也更加喜欢库里。这种缘分很奇妙，我喜欢你喜欢的他，也喜欢为他赢球输球而开心难过的你，你不知道你哭的那一段视频有多少人陪你难过，也不知道勇士赢球的时候有多少人陪你开心。水花归来之时，就是联盟变天之日，我们顶峰相见。愿你在以后的日子里坚守自己的内心，做自己喜欢做的事，平安喜乐！七分裤一直在！

——台东郭德纲

我们都要看向远方！

竞
COMPETITION
KORG

当我成为NBA主持人、女主播的时候，我没有想到我自己会去奋笔疾书。我相信，很多人都无法预料到自己的未来。

不过，每一个人都必须去路上行走，只有这样才能追寻属于自己的人生。就像我，去写这本书，就是很意外的事情。当然，这源于粉丝对我的喜爱，有了粉丝的支持，我才可以在这里写自己所想。

归根结底，那要感谢体育、感谢NBA，甚至感谢库里。最主要的是感谢我爸，我能够吃上体育这碗饭，我爸功不可没，没有他带我看球、带我打游戏，我不可能从小就对这些东西产生兴趣，产生共鸣，以至于成为工作。

尽管小时候我和我爸看球、打游戏，遭到很多来自我妈的攻击，但享受是远远大于伤害的，我的世界观也得到了塑造。

在体育这个领域，很多明星球员本能地站在舞台中央，却总要被迫给别人鼓掌；每每奋起争王，必然功亏一篑；年年冲击冠军，却次次铩羽而归。这是命运，但也是斗争的过程。

很多人只追逐冠军，但实际上，在任何比赛中，面对强手时要充满斗志，有敢于竞争、敢于胜利的精神同样动人。

后面的文字，就让我们一起聊聊我与体育最初的缘分。

相遇，足与篮

我看球是我爸带起来的。前面提过，爸爸原本是一个足球运动员，可惜球没踢好，改行练拳击了，这样的转变还是挺大的，但是最终并没有离开体育圈。

我最开始根本无法理解，一群大男人追着一个球跑到底有什么乐趣。当然更不理解我爸爸深更半夜爬起来看球，电视声音也不敢开的那种行为。

然而一切的改变，只需要一个契机。我就跟着爸爸一起看了一场比赛，然后就被拉下了水。

我很幸运，第一场比赛看到了一场经典对决。2004年6月14日，欧洲杯小组赛，法国对阵英格兰。

我记得比赛应该是在深夜，因为看完球还让我爸给我下了碗面条。赛场上的男人我一个也不认识，我也不懂规则到底是什么。我的注意力在看台上，山呼海啸般的呐喊声，让我觉得很震撼。他们脸上涂抹的国旗、吹着的喇叭，让我有了想深入其中的动力。

最重要的是，我发现了一个特别帅的男人。只见他一脚将足球踢向门网，很多人都去争抢，那动作太迷人。后来，我知道，那叫“贝氏弧线”，也叫“圆月弯刀”，是那个男人的成名绝技。

我爸告诉我，他叫贝克汉姆，昵称“万人迷”或者“小贝”。我看着那个奔跑的身影，觉得整个青春都被点亮，我的梦里都是青翠欲滴的绿茵场。

那种感觉，让我对体育、对足球、对球员，有了新的认知，即使我那时候才上小学，但那一刻我似乎就觉得，我会与体育有不解之缘。

与此同时，那时候的英格兰队真的是帅哥云集，比如欧文。比如杰拉德，这个只为利物浦而活的男人，让我明白了什么叫忠诚。

贝克汉姆与杰拉德，璀璨了我的青春。我慢慢开始弄懂什么叫任意球、什么叫角球、什么是越位、什么是禁区、什么叫黄牌警告、什么叫红牌罚下。我也知道了欧洲五大联赛，还有四年一届的世界杯。

2006年，是我看球最为“凶猛”的一年，因为这一年有世界杯。

我支持的就是一见钟情的英格兰，因为这是堪称足球史上最强的英格兰队。

然而，四分之一决赛，他们迎来强大的对手——葡萄牙队，他们不仅拥有菲戈这样的巨星，还有C罗这样的超级新星。

但英格兰也不遑多让，我记得很清楚，门将是罗宾逊，后卫有加里·内维尔、费迪南德、特里、阿什利·科尔，中场有哈格里夫斯、贝克汉姆、杰拉德、兰帕德、乔科尔，前锋则是鲁尼和欧文。

比赛下半场一开始，贝克汉姆在拼抢中受伤被换下，他坐在场边掩面而泣，失望与失落溢于言表。而那一刻的贝克汉姆，让所有电视机前面的球迷心疼。

那一刻，我感觉这个世界要崩塌了。看着贝克汉姆伤心的样子，就像一个孩子被夺走了玩具，我也开始变得不安和烦躁。

果然，下半场没多久，鲁尼中场拼抢时踩中别人的身体，被红牌罚下。连失两位悍将的英格兰队拼死抵抗，以0比0的成绩熬过了120分钟。

但这又有什么用呢？点球大战从来都不是英格兰队的专长。第一轮，兰帕德右脚推射右下角被里卡多封出；第三轮，杰拉德右脚半高球打大门右侧，但又被里卡多侧扑单手拍出；第四轮，卡拉格右脚推射被里卡多一扑击中横梁弹出，就这样，葡萄牙队以3比1最终晋级四强。

那个夜晚有多漫长，我就有多痛苦。我的眼泪落了一宿。那一夜我的两个偶像——贝克汉姆和杰拉德都竭尽所能，可都无法弥补。

2006年的世界杯还有更盛大的告别。

就在8天后，我人生中观看的第一场足球比赛的另一个队伍——法国队，与大力神杯擦肩而过。

齐达内头顶马特拉齐，被红牌罚下，让齐祖的世界杯谢幕战充满了遗憾与不甘。一代传奇就这样结束了自己的世界杯生涯，这是世界杯历史上令人动容的一幕，从未有哪一次擦肩而过如此悲凉，大师离去的背影被永久定格。

我再一次为足球的魅力倾倒。

一开始对贝克汉姆和杰拉德的执着，或许是因为帅气的面庞。但在我的成长中，这两个球员教会了我太多。

在追逐世界杯的路上，贝克汉姆被千夫所指，也被万人敬仰。他曾竭尽所有，但终究只能向命运低头。回味往事，记忆中永远都是那个翱翔在绿茵场的翩翩少年。

只有记忆能够向我们证明：这条路，他曾经走过。

贝克汉姆或许沉沦过，但他从未平凡过。在足球场上，他不是天才，没有上帝的眷顾，他只是默默地奔跑、默默地等待。完美的贝氏弧线既给他带来了鲜花和掌声，也给他带来了负担和责任。有人说贝克汉姆是世界足坛的花瓶，但我认为贝克汉姆是世界上最努力、最勤奋的球员。

为了参加2010年南非世界杯，贝克汉姆几乎做了他能做的一切，铁血教头卡佩罗直言，南非一定带上贝克汉姆。然而命运捉弄，伤病，又是无情的伤病，打碎了贝克汉姆的世界杯梦。

没有想到2006年贝克汉姆在场边哭泣的那一幕，成为他世界杯的绝唱。

这又何妨不是人生呢？谁都不知道，哪一个瞬间，会是某一事件的终点，会成为永恒。

在我心中，能与贝克汉姆媲美的，唯有杰拉德。贝克汉姆身上的标签是勤奋，而杰拉德身上的则是忠诚。

豪门利物浦的十七年岁月，一座社区盾杯、两座足总杯、三座联赛杯、一座欧洲联盟杯、一座欧冠和一座欧洲超级杯，契合了自身入选英超20年最佳阵容的光环，但之于杰拉德本人而言，他的伟大始于一份承诺。

出生于默西赛德郡的杰拉德，8岁的时候就将自己的命运维系在利物浦。众所周知，希斯堡惨案里遇难年龄最小的乔恩·保罗·吉尔休利，当时年仅10岁，他是杰拉德的表哥。

从小亲密无间的两人曾相约："长大后一起为利物浦效力。"但乔恩的梦想定格在1989年4月15日，从此，杰拉德多了一份负重感。

1998年11月，18岁的杰拉德在对阵布莱克本的比赛中完成了利物浦的处子秀，并没有忘记约定的他第一时间告诉乔恩的父母："我能感觉到他在天上看我，我也是为他而战。"

时光流逝，少年初长成。23岁的杰拉德被任命为利物浦队队长，没有一个球队可以让这个安菲尔德的少年选择离开，他 24岁拒绝皇马的邀请，25岁再次让奉行金元政策的切尔西吃了闭门羹。

"我所做的一切，都是为乔恩·保罗而战，是他让我成为一名真正的利物浦人。"

效力利物浦是彼此的约定，坚守安菲尔德是杰拉德的责任。虽然一生一队的梦想未能如愿，但710场凝结而成的利物浦时光诠释了忠信笃敬。

不过，遗憾的是，杰拉德还是离开了。直到他选择离开，他也未能夺得一次英超联赛冠军，那次世纪摔倒成为他的遗憾。

杰拉德承认，自己离开利物浦的原因是不肯屈就替补。

他在个人自传里说："切开我的血管，里面流淌着利物浦的红色血液。"

在洛杉矶银河，他遇到了利物浦的老队友罗比·基恩，怀念就成了最自然

DILIGENCE

LOYALTY

的情绪："我终有一天要回到利物浦。"

杰拉德的意愿很快得到了利物浦的回应，从2016年11月退役到2017年1月执教利物浦U18，动作之快像提前编排好的剧情。

我相信任何一个球迷，都不是无缘无故的喜欢，这些光鲜亮丽的身份背后，有太多需要我们学习的故事。

你们的火箭队

上高中以后，我看足球比赛的时间约等于零。我妈更是明令禁止我半夜爬起来“看一些莫名其妙的比赛”。

但是白天播出的NBA填补了这个空当。

其实，在我小学的时候就跟着我爸一起看NBA了，他应该最喜欢艾弗森，因为小时候我爸给我买的笔记本封面的主角都是他。那家伙一脑袋辫子，贼酷。一双大眼睛炯炯有神，黝黑的脖颈上文着一个忠字，总觉得这个家伙有点不太一样，冷冷的似乎有些生气，笔记本上写了三个大字“艾弗森”。

我爸告诉我他是76人队的后卫，这成了我篮球的启蒙。多少年后我也读懂了那个表情，叫“桀骜不驯”。

爸爸还说，天津是中国篮球的发源地，可以追溯到光绪年间，我隐隐地有些自豪，觉得篮球是个有归属感的运动。多年以后，我在自己的工作中验证了这个说法，这个瞬间便觉得有些温暖。

然而很小的时候，当别的小女孩都用着非常可爱的笔记本时，只有我显得那么与众不同，就好像一群芭比娃娃中突然窜出一个黑黝黝的金刚芭比。那画面可以自行脑补。

身边的男孩都开始喜欢打篮球，我也总会默默地坐在场边，他们都以为我去看帅哥，其实我是真的想上场和他们较量。可惜，在一次尝试后，他们果断地拒绝了我，又让我回到了“饮水机球员”的位置……

所以我还是老老实实地看球吧。

NBA的比赛一般都是北京时间的上午，我还在上课，但这一点也不妨碍我们看球。

对，是我们，我和我的同学。那时候，姚明还在火箭队打球，引领了一波又一波看球的热潮。我们班普遍都是火箭队的拥趸，而我当时却选择支持湖人。

我就是单纯地觉得，科比打球太具有观赏性。他打球的样子很飘逸，是舒展和平衡带来的美。我爱这种美。天下之美总是大音希声，就像黄金分割，一个神秘的比例，是蒙娜丽莎，是断臂维纳斯。

我相信他的美一定也和黄金分割有着某种联系，也许是低位背身的节奏变换，也许是后仰跳投的倾斜程度，又或者单纯是他走路的姿势。他是天使之城的主宰、众人眼里的路西法，但是在我心里，他一直是加百利，那个在传说中吹响末世号角的大天使长。

那时候的比赛，我们在上课，没办法看电视，只能看文字直播。

文字直播员不断地打字，告诉我们，球在谁手里，谁在投篮，球是擦板进网还是直接进网，又或者打铁未进，甚至是三不沾……我们通过零星的文字，在大脑里复原比赛现场，我们的情绪也随着进球、丢板、被抢断、被盖帽等此起彼伏。

如今我已无法想象，当时看不到任何画面、听不到任何声音的直播，究竟是怎么吸引我的，这应该就是热爱吧。

那时候我们班的课堂氛围会非常诡异，常常会有人情不自禁地热情高涨而发出不该有的声音或动作，以至于讲课老师都开始怀疑人生。

上课疯狂刷手机，下课则疯狂往校外跑，跑向离学校最近的同学家，看比赛最后的尾巴。虽然比赛时间有时只剩下几分钟，但暂停、犯规、罚球什么的，总还有十几二十分钟可看（小朋友们不要效仿哦）。

我那位同学的妈妈很和善，一点儿也不觉得我们闹腾，还经常给我们准备一些零食垫垫肚子。我们也会在上午最后一节课上课前，去学校的小超市里囤一些货。

在与同学看球的过程中，有时候很微妙。在火箭队与湖人队的比赛过程中，同学们都在为姚明呐喊，为火箭队加油。而我却在后面默默地为湖人队呐喊，为科比攥紧拳头。

ASKED FOR MY

I GAVE
MY

写到这里，我会情不自禁地回忆起那时候看球的点点滴滴，一切仿佛在眼前，那么亲切，却又有些疏远。

因为姚明早就退役，在为中国篮球继续贡献着，火箭队也早就物是人非。而科比，那个球场上的黑曼巴，也……不太想去涉及过多的文字，关于科比，唯有怀念。

另外值得一提的是，在2009年库里开始登上NBA的舞台。第一次看见库里，他的样子还有些青涩，像个突然闯进陌生世界的小孩，笑起来很纯净，让人感觉暖暖的。眼神是骗不了别人的，他的眼神，清澈见底。这个瘦弱的家伙是怎样在NBA的世界生存的？我不明白，后来我才大彻大悟。关于库里，我在后面再讲述。

小霸王与王者

大家都知道，我喜欢玩游戏，这个基因绝对遗传自我爸。

我爸年轻的时候特别喜欢玩游戏，属于那种一条命能把魂斗罗打通关的高手。所以我妈始终认为，我深受我爸的“毒害”。

我记得读初中的一个周末，我想玩小霸王。我爸说他来想办法。

我爸找了我妈的闺蜜，让其怂恿我妈出去逛街。那天下着雨，我妈不想去，她闺蜜摊摊手，无能为力地走了。

眼看着游戏要泡汤，我的小宇宙失了火。

然后，我爸就放大招：“老婆，我突然很想和你手牵手，在雨中一直走到世界的尽头。我们出去逛街吧！”

因为当着我的面，我妈有点羞恼，拿起伞就出门了。我爸随后跟着出去了，关门前不忘对我眨了眨眼。

我痛痛快快地玩了三个多小时游戏，尽管一次也没有通关，但我的内心充实且饱满。他们回来的时候，我爸手里拎着好多东西，看来他们逛了不少地方。

我极其谄媚地给我妈倒了杯水，还说了声“妈妈辛苦”。我妈很开心，还问我晚上想吃什么。而我爸自回来就瘫倒在沙发上，一动也不动。我走到他身边，他有点失魂落魄地说：“下次我得想别的办法，逛街真是要了命了！”

我爸的宽容让我对这个世界充满了感激，因此我玩过不少的游戏，《超级玛丽》《拳皇》《CS》《魔兽世界》，从游戏机到游戏厅，再到网吧，直到现在的端游，从单机游戏到网络游戏，再到电子竞技，我几乎经历了中国游戏发展的各个阶段，我的心理也跟随它发生着巨大变化。

后来，《王者荣耀》手游横空出世，我也沉浸其中。最开始迷上《王者荣耀》的时候，我会因为练习一个英雄，而去注册小号，用这个小号从零单排，一直从青铜打到星耀，这是怎样的执着呢？

现如今，我的《王者荣耀》就处在最高段位。

玩游戏，真的玩物丧志吗？我觉得一切有个度，就可以。更何况，现在电竞也是运动项目，也能代表国家获得荣誉。

我仍然记得2017年7月8日，上海40℃的高温，依旧拦不住游戏迷的热情，1.5万多名观众奔赴东方体育中心，只为见证KPL总决赛：AG超玩会VS QGhappy的问鼎之争。

你不得不感叹电竞行业发展至今产业链的成熟度，舞美灯光，电视转播技术的完善，都是国内一流水准。

隆重的进场仪式，交响乐现场演奏入场动画音乐，如史诗般

恢宏。长江饮马，战鼓擂动，大战便在眼前。我也被这壮阔的前奏催得有些兴奋，手心冒汗，隐约想起NBA总决赛跳球的那个瞬间。

G1比赛BAN PICK环节，人人都知梦泪的绝世刺客，QG非常针对的BAN掉，李白、阿轲、李元芳都被请进了“小黑屋”。FLY首选祭出关羽，引得现场观众阵阵惊呼，我也不由得为梦泪捏把汗。

而真正的胜负手却是Hurt的后裔，这个在高端局里鲜有机会登场的英雄成为战术的核心，梦泪前三次都被Hurt的神剑定在原地，惨遭击杀。

QG优势局牢牢把握机会，没有给AG一丝翻盘的机会。

中场休息，“逃跑计划”在灯光的映衬下，款款深情地唱着《夜空中最亮的星》，“我祈祷拥有一颗透明的心灵和会流泪的眼睛，给我再去相信的勇气，越过谎言去拥抱你……”

是啊，初心不改，赤子之泪，又有多少人还记得当年那个天真、鲁莽、不计后果的少年呢？那个少年是不是已经隐匿在你身上，久到都被遗忘了呢？

玩游戏曾经被视为丧志之举，然而在今天，在此时此刻，他们便是场上的英雄，是万人瞩目的焦点，这是他们的舞台，完完全全属于他们。

如果十年前有人告诉这些选手：现场会有1.5万人看你们打游戏，明星也为你们唱歌，场外还有十倍、一百倍的人支持着你们，你会不会觉得他疯了？然而今天，这一切就明明白白地摆在面前，你又怎么会不为之动容呢？

比赛并没有悬念，AG像是被困在笼中的猛兽，左右皆不得生。4∶0，QG横扫AG，拿下KPL总决赛冠军！QG队员热烈庆祝，奔向聚光灯下闪耀的冠军奖杯。

而我的目光却一直停留在AG身上，握手致意之后，黯然离场，舞台上飘洒着金灿灿的碎屑，映衬着老帅和梦泪的背影显得有些落寞。

成王败寇，我当然明白，成者便是王，受万人敬仰，他便可书写历史。但是这个时代，落败却不再是寇，因为可以卷土重来。

英雄落寞走下台，背对着掌声，他们没有办法回头，但是不能否认他们的努力。

电子竞技不是玩游戏，它是和篮球、足球、乒乓球一样的运动，它同样需要体力、智慧和配合，它是一个大产业，当然也可以作为一项事业。

电子竞技虽然不是体能极致的比拼，但“天赋”“决断力”“胜负心”同样是其精神内核。电竞选手之路困难艰辛，大部分人看着光鲜闪耀的舞台，却不知道每一个电竞选手每天练习十几个小时的坚韧。

你可以不了解，但不要敌视。

在下服了
STRIVE

adidas

WHITE WHITE WHITE WHITE

海边

青春

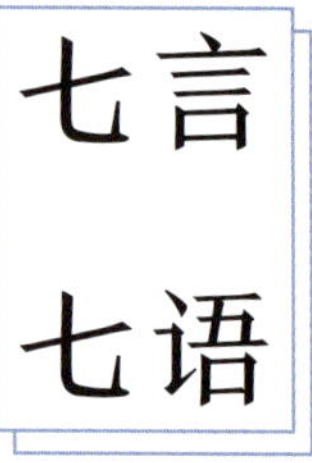

芙蓉不及美人妆，台上小七婉玉香。

因30号缘起，却被你的性格、气质及漂亮吸引，每次看比赛时都想看到你，你和库里都是优质的偶像。小七，爱你哦！

——未至

感谢库里，让我认识了同样喜欢库里的你，我们都是金州勇士大家庭中的一分子，你就是我们的库蜜头子，带我们看了一场又一场库里的比赛，无论输赢，我们都一起走了过来，也希望在以后的日子里，我们七分裤能够和你一直在一起！

——柒AM

因为那个穿着30号球衣的小学生知道了你，然后喜欢上你。看到过勇士赢球后你甜甜的笑容，也看到过勇士输球后哭泣的你。未来，我们一直都在。七姐，我们爱你，七姐YYDS！

——片语时光

从初中开始喜欢篮球，从2014-2015赛季开始喜欢上库里，从高中时代起被七姐深深吸引，如今我大学毕业，这些年有着七姐的陪伴，让我追库里的道路上多了一些不一样的风景，从微博互动到直播抽奖到线下见面，库里的神奇，七姐的美丽都伴随着我的成长，一路相伴，才有了一路的温情无限。七姐加油！感谢有你，让我的生命里才有了太多的感动、太多的回味！希望七姐越来越好，天天开心！

——七姐的皮卡丘

当你真的在乎一个人，多么微不足道的小细节，也会变得重要起来。因为热爱，所以在乎；因为重要，所以爱。余生漫漫，小七与库里是我yyds，勇士总冠军。

——白衣7号劳尔·冈萨雷斯

七言
七语

小七，看NBA直播让我认识了你，原来美少女真的存在，因为你喜欢库里，也让我越来越喜欢库里。能看到你主播库里的比赛就是一种视觉享受，希望在未来的日子里，库里保持健康，再拿个总冠军！美少女小七永远美丽幸福健康！

——江苏宜兴高G高

因库里认识七姐，然后喜欢上七姐，见到勇士赢球时七姐的喜悦，输球的哭泣，七姐使我对库里更加着迷，愿未来七姐更加可爱，愿库里再拿一座总冠军，爱你七姐！

——橘夏_

“不曾在你巅峰时慕名而来，也未曾在你低谷时离你而去”，是我想对勇士以及库里大声说的。同时很荣幸因为库里了解到七姐。你的存在，就如我们库粉的领头羊，呐喊助威，我们是专业的，论喜欢和热爱库里和勇士，我们是独一无二的。七姐，我爱你，正如你爱勇士和库粉这个大家庭。

——Benny

因为库里，与你相识，在我眼里你是一个很单纯的小女孩，作为库里的头号粉丝，你引领着我们，在今后的岁月里，我们会一直守护着你。

——serendipity

挚爱游戏的氪金少女，钟情库里的死忠迷妹，她是NBA篮球的女主播，更是我们心中可爱的七七。

——啊呀我库

七言七语

友

我很幸运，我这一生遇见了很多与众不同的人。

我原本以为自己的人生已多姿多彩，和他们一比，无疑是萤火之于日月了。我并不气馁，因为我或多或少参与了他们的人生，至少，我倾听了他们的人生。

他们的故事告诉我，一个人的时间有限，所以不要为别人而活，不要被教条所限，不要活在别人的观念里，更不要让别人的意见左右自己内心的声音。我们要勇敢地去追随自己的心灵和直觉，只有自己的心灵和直觉才知道自己的真实想法。

生活中不只有时光，更多的是岁月。岁月有时候清贫，有时候富足，有时候顺利，有时候坎坷，正如弯弯曲曲的河流，让人觉得“荡气回肠”。

在这弯弯曲曲的河流中，会有很多朋友出现，他们就是自己成长过程中最好的故事和桥段。我与他们之间的点滴，或许就是你和你的闺蜜、你和你的兄弟之间的点滴。

她黯淡了我的光芒

我有一个室友叫大脸猫，辽宁盘锦人，身高1.74米，腿长得有1.2米。

和她玩游戏的名字“嚎叫的企鹅”一样，她说每句话都用尽全身力量！

大脸猫的人生只有一个信条：吃饭！

和她在一起的时候，我嗓门也不自觉会变：说东北话，每一句话都要以感叹号结尾！

她曾经一本正经地说“不多不少刚刚好”，这种事情对她来说真的是命中注定。

我曾不屑一顾，后来才明白：实在是我太年轻，她简直是老天爷亲自开车，带她开挂一般啊！

上高中时，她以最后一名的“优异成绩”考入他们当地最好高中的重点班！重点班每个月都会淘汰5人，每一次她都以全班倒数第六的成绩保级成功，次次如此，无一例外。

高考时，她以超过分数线一分的成绩考入中国传媒大学。

考英语四级时她进步了，以超过分数线两分的成绩顺利通过。

但她的人生何止如此。大学的某一天，大脸猫一拍脑门，突发奇想要去学吉他。

KORG

据说每一个初学吉他人的室友都是折翼的天使，我们都默默盼望着她烦躁的那天，可是等了好久，她都没放弃。

有一天回到宿舍，我发现有陌生女孩站在宿舍门口，我以为是堵门找茬呢！

最后才知道，她们是来听大脸猫弹吉他的。她什么时候弹得这么流畅了，是不是在放录音？

我推门进去，琴声停了，大脸猫元气满满："小七，你回来啦！"我立马回头，特别骄傲地跟外面的女孩们说："这首歌叫*Sunflower*。"

从此，大脸猫成了我们宿舍的招牌。她给自己取了一个新的外号——"太阳花女王"。

而她也变成了我生活中的太阳花，那个《植物大战僵尸》里制造小太阳的向日葵，永远阳光温暖。

大三时，央视来到学校招聘，全校挑选两男两女去实习。这是很多新闻人的理想，大家都很重视。

我陪大脸猫去试镜，她开口的那一瞬间，震惊的不只是我，还有那几个评审老师。

她被央视4套选中，担任《新闻直播间》的实习出镜主播。

毕业的前一晚，大脸猫和我抱在一起痛哭。

"央视没有名额，留不下我。呜呜呜呜……"我差点喷出一口血，此时我内心的独白："what？难道不是舍不得我？"

但是她一哭，世界都不美好了，我安慰她："你说咋办，我都陪你。"

大脸猫泪汪汪地看着我："能不能去吃一顿火锅？"

"扑哧！"我俩都没忍住。

大脸猫毕业了，也失业了。她没能留在央视，也错过了其他所有卫视的招聘，她好像遭遇了第一个人生低谷。

她大约消沉了二十分钟，其中还包括十分钟痛苦抉择晚上到底吃什么，只是这个时候，离考研只有不到三个月的时间了。

她去报了个一对一考研课程，听说这一次她吉他都不弹了，连最爱的吃饭都简单处理。

她时常会撒娇说自己好累呀，十分钟之后又转身回去捧起课本，她总说：“等我考完之后，一定好好吃一顿，不，是三顿火锅！请叫我认真猫！”

三个月复习考研，在我看来简直天真，我已经做好安慰她的准备，但是，她考上了。

北大研究生！北大研究生！北大研究生！

更重要的是，真的又是最后一名的“优异成绩”。

从此，她跟我说话都会在结尾多加一句：“请叫我硕士猫！”

我曾以为，大脸猫买的挂是三年送一年，但显然，她充的可能是十年会员。

几个星期后的某个晚上，大脸猫很无聊，就随意下载了一个直播软件。大脸猫觉得还挺有意思的，就开始坚持去直播。

后来把练吉他的时间也直播出去，常常一边弹吉他一边唱歌，然后唠唠嗑。

我经常去看她的直播，可是每次看完之后，总是收获满满一堆的表情包，我总会拿表情包去怼她，不过下一次她好像更肆无忌惮了。

最让我难以理解的是，大家居然对这个表情包买账了！

越来越多的人关注她，如今，她只要开播，必上首页推荐位。

通过直播，她已经赚到了好多钱！

我与朋友们的生活，
就是如此搞怪和真诚。

几个月后，我改变想法了，她的挂可能是二十年会员。

大脸猫随意参加了一档《青春星主播》的节目，就莫名其妙得了全国第三。

有公司找到她，邀请大脸猫直播《吉他教学》，月收入非常可观。

我真的好想知道她买的哪家外挂！

这真的是一个非常无解的命题，但是一次看到她对自己的个人评价，我突然有些明白了。

她写道：“所谓幸运，不过是机遇来临的时候，我刚好做好了准备。”

仔细回想她的人生，除了《王者荣耀》的李白，好像真的没有什么是她不能突破的事情。

她每次、一直都、从来就，离失败只差那么一丢丢。

其实每一次成功的背后，都有所依靠，靠的不是运气，而是一次一次的坚持，在机会来临的时候，她像一朵太阳花：背对黑夜，迎着朝阳。

大脸猫完成了好多了不起的成就，这些事情任意挑一件放在别人身上，都可以炫耀好久好久。

而问她的时候，她永远都说不清楚，大概真的都忘了吧。

我时常会觉得她是不是得到某种神秘力量的祝福，或者可能她不只有挂，还有火锅buff加持？

大脸猫黯淡了我的光芒，却给予我面对困难的勇气。

她让我明白：

人生哪有那么多幸运，

不过是在幸运来临时，刚好做好了准备。

我为拥有这样的朋友而骄傲，

她是我想放弃时坚持下去的动力！

大脸猫是我最羡慕的女孩，如果让我再来一次，
我可能会想——成为她。

也祝福她开的挂，是终身会员制。

可爱的你们，助我前行

生活总是有很多不经意的惊喜。从我站上直播台的那一天起，我没有想过自己会有属于自己的粉丝，而且这些粉丝是那么可爱、那么真诚。

我一直觉得，我所做的工作，不像娱乐圈明星那样光彩夺目。我更不觉得，我自己会吸引很多人，对我永久的支持。因为我只是完成自己分内的事情，但是当我有一天发现，自己微博粉丝在飞速增长的时候，原来有那么多人喜欢我。

这让我受到了莫名的鼓励，也在我工作中，给予我更大的努力空间。

我记不清是哪一天，突然有一个想法。我想把这些喜欢我的粉丝组织到一个圈子里，我想听听他们的声音。“他们为什么喜欢我，我何德何能，我又有什么魅力呢？”

于是我建立了一个粉丝群，当我把粉丝群的号召在微博发出之后，让我震惊不已的是，上限五百人的粉丝群瞬间就满了。这让我内心小小地骄傲了一把。他们每天都非常积极，又非常俏皮地在群里讨论着，有时候在聊我，有时候在聊勇士和库里。

时光飞逝，渐渐地我从群里获得了很多信息。有的说，我的率真、大方吸引了他们；有的说，因为大家都喜欢库里、喜欢勇士，所以爱屋及乌；有的说，主要是因为我的美。

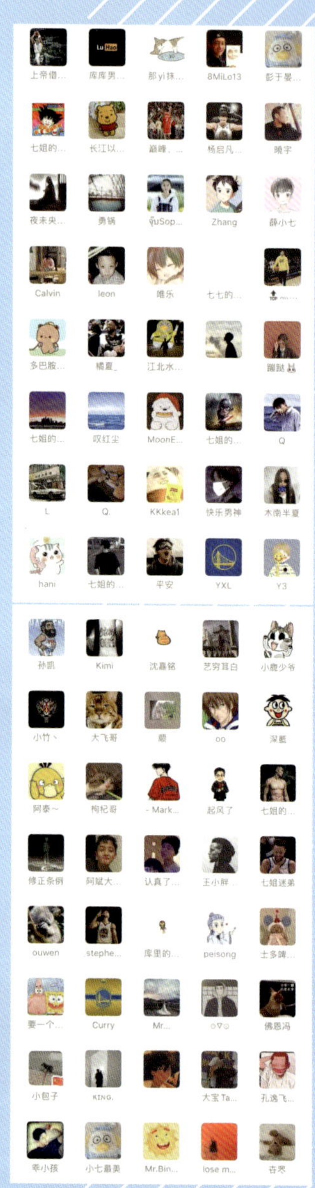

当然时光会改变很多人的初衷，很多粉丝在跟我聊天中透露，他们对我的喜欢，也在慢慢发生改变。

慢慢地，粉丝们做的每一件事，也让我越来越感动。

Curry_Seven77，是一个小姑娘，她成为我的粉丝的时候只有17岁。她是库里的铁粉，因此，也喜欢上我直播勇士比赛。

我多少次和她聊天、沟通。从粉丝，她如今已经成为我的朋友。2020-2021赛季NBA附加赛，库里率领的勇士队被灰熊队淘汰出局之后，我在直播的过程中，没有出息地流下眼泪。

她给我发消息说："七姐，直播的时候，看到库里被淘汰之后，你哭了。我也很伤心，我相信下个赛季，勇士队可以卷土重来的。

"坦白说，最初是因为喜欢库里和勇士队，我才开始注意你。但我现在越来越发现，七姐你真的是个宝藏女孩。在直播时，你可以为勇士队为库里流泪，太率真了。而在日常生活中，你明明可以靠颜值，却偏偏要靠才华，从主播到解说、从写文章到玩乐队，你在我心中，一直是闪闪发光的那一个。

"勇士队输了，我们下个赛季继续努力，我会一如既往地支持你。"

其实，当我看到Curry_Seven77这样的文字时，我内心涌起一股暖流。那不只是感动，而且表明我的心情。或许，为了这些真诚的粉丝，我也要继续努力下去，至少在主播这个领域，会做到使他们发自内心地喜欢。

Curry_Seven77还有另外一个身份，她是我粉丝群的管理员，她非常尽职尽责。同样，还有一个非常努力的管理员，他是一个还在上大学的小伙子，我称呼他为"小跟班"。

他是一个做事非常认真的小伙子。每当我的粉丝群里面有活

动时，他总是事无巨细，非常认真地去准备，让我每一次和粉丝的互动，都非常完美。

无论是什么样的时间、什么样的节点，他都会随时出现，将我比赛直播的时间，将我直播中的金句，都会及时地传达到粉丝群里面。他更像是我生活中的小助理一样，正如他“小跟班”的名字。

正是因为这些细节，我对他非常感激。我有一次问他：“从我身上，你能学到什么呢？”

他说：“是对一件事的执着，七姐对库里和勇士的执着，让我深有体会。我想从七姐身上学到更多。我在粉丝群里面做的每一件事，其实也是我自己成长的体现。我不是单纯地去追星，我只想将来也能像七姐这样，做自己喜欢的事情。”

这些话听起来有些“冠冕堂皇”，但是，正是这些琐碎的事情，让我无比感动。

我不知道用怎样的言语，或者用怎样感谢的话，在这本书里去感谢一直支持我的粉丝。因为此时我感觉，多么华丽的辞藻也无法表达我的感激之情。

简单明了，谢谢Curry_Seven77，谢谢小跟班，谢谢每一位喜欢我的粉丝，我不会把名字一一打出来。因为，我记在心里。

我会记得你们每一个人给予我的最大的肯定。无论是我伤心还是快乐时，你们都是一直陪伴在我身边的最可爱的一个群体，你们助我前行。

记得在粉丝群里我们共同的约定：“我们一起下定决心努力地奔跑，追上那个曾经被寄予厚望的自己，一起变得更优秀，都成为自己想成为的人！”

这是王小七和粉丝之间最美好的约定。

他的追逐因此改变

有个朋友，在书里称呼为阳光。他是一个被生活改变的人，时间的沉淀给予他很多的雕琢。他也曾经深爱着篮球和足球，他也曾经为詹姆斯和C罗着迷，但是一切在悄无声息中，都发生了改变。

30多岁的阳光，在一个三线城市自己开公司，有房无贷，一儿一女，父母健康。

他也曾想鼓起勇气出外闯荡，后来结了婚，也就算了。

上学的时候，他的篮球打得还算不错，就是那种“每次校队选拔，被淘汰的最后一人，但是在野球场上又总能稍稍高人一等”的水平。

姚明刚进NBA的时候，他就跟风开始看球，他对篮球是真爱。所有的零花钱都几乎用来买报纸，《篮球先锋报》《体坛周报》，在他眼里，满眼都是知识点，他还认真地做笔记。

偶尔奢侈点，他还会买本杂志，因为里面是彩印且有海报，海报必须贴起来。因此他的墙上贴满了那些球场上的明星，相信很多朋友在年轻的时候也是如此。

他过年最大的愿望就是买一双篮球鞋，可是买了又舍不得穿，穿了又无比爱惜，有一次被划了道，竟

然回家擦了半小时。

2003年，他读初三，对体育更加着迷，因为那两个天才：勒布朗·詹姆斯与C罗。

他跟我说，他永远忘不掉詹姆斯生涯的第一战，面对国王队，接到传球，高高跃起，在布拉德·米勒的目送下完成的那记双手暴扣，拿下生涯的第一次得分。

2003年，C罗，里斯本那个贫穷的孩子，在绿茵上盘旋舞蹈，看呆了弗格森。在那一年，C罗签约曼联，开启了波澜壮阔的生涯。

2007年，他读大一。梅西飘逸的长发迎着赛场的风，连过5人，他兴奋地大喊大叫：马拉多纳！潘帕斯雄鹰低空掠过草原，就是阿根廷男人潇洒飘逸的身影。所以此时的他又是一个博爱的人，梅西和C罗他都爱。

同样是2007年，另一个阿根廷人给了他重重一击：因为总决赛的“马努”，简直形如鬼魅。

为了看球，头天晚上，他开空调洗凉水澡，把自己弄发烧，第二天请假，偷摸看电视。想想那个时候真是热血。

2014年一整年，他都没有心思为他们欢呼或者感伤。

因为那一年，他创业失败，一夜负资产。

焦头烂额的他不敢告诉老婆，每天没有班上，就在外面溜达，回家强颜欢笑。

小家伙要奶粉钱，能借钱的朋友都借遍了，凄凄惨惨，不必再提，至今难忘。

他老婆最后发现了，给予他最大的包容和支持，苦撑一年，挺了过来。挺过来后，他发现自己对体育好像不再那么热衷，那两年，他有些佛系，赛事赶上就看，没有也就算了。

他认真地考虑过这个问题：“是我的背叛？”好像不是，当时觉得：和生活相比，体育只叫锦上添花。所有的爱好都是如此。

从此，他的生活跟体育世界似乎变成了平行线。

打个比方：喜欢一个女孩，想尽一切办法了解她，追求她。后来，现实告诉他：你不可以，因为你没钱吃饭了。那好吧，就远远地看一看好了。

可能是创业失败让他后怕，他现在更追求稳定。他时常会去想：是不是所有热爱的东西，都会过去？都会改变呢？

直到2016年，詹姆斯回到克利夫兰的第二年，又是总决赛。

那个追身盖帽，突然让他恍如隔世，一下子想起他职业生涯第一年：面对东部霸主篮网，他用一次抢断，快攻暴扣终结了比赛，当时抢断的正是他现在的队友：里查德·杰弗森，他也获得了生涯的第一次40+。

整整13年了，勒布朗从少年到王者，从背负骂名到如今，多少难熬的客场，冷暖心酸，那一刻他失态了："Cleveland，This is For U！"勒布朗饱含热泪。

同样用了13年，我的朋友从稚嫩到成熟，从创业落魄到平稳生活，多少难眠的夜，人情白眼。詹姆斯喊出那句的时候，同样饱含热泪的，还有他。

他也很惊讶自己掉眼泪，只是觉得那一刻詹姆斯的失态，他好像心领神会。

那种感觉很纯粹，在他脑海中闪回：落魄时候，老婆柔声的安慰，孩子关切的目光。

"This is For U！"其间蕴含的深情，大家各有不同。不过那一刻对他来讲，是他的家庭。

那个眼泪也不是为了詹姆斯，而是为了他自己。

他说，很感激那个时刻唤醒他的记忆。

所以，热爱的含义，应该就是让人满怀激情地去投入生活吧。
所以，当有人问起"热爱会改变吗"，答案是肯定的。这就是生活！

我的姐妹

只要有人的地方就有恩怨，有恩怨就会有江湖，人就是江湖。

这是金庸先生所说。这让很多武侠迷陷入沉思。似乎人们的生活和工作中也是如此。因此，我看到了很多流言蜚语。借此机会，我就想去回击这些。

有好多好姐妹，和我一样，她们也是腾讯的女主播，也是一个个美丽的小姑娘，每个人都有自己喜欢的球队、球星和自己的粉丝。因此我经常看到有些文章，去给我们姐妹们排座次、划档次，甚至做出各种各样的比较。

当我看到这些内容时，我总是深感无奈。

我不介意在球迷的心中我做的不如我的同事，我也不介意很多球迷不喜欢我。但是我很介意，那些忽略了我们的努力的行为。

我和我的姐妹们，都爱着篮球，爱着詹姆斯、爱着库里、爱着科比。我们都在做各种努力，把节目做得更好看、更精致，也在拓宽自己的能力范围。我们去跳舞，去参加运动会，去组乐队，去唱歌，我们只想用最真诚的努力回馈所有的球迷。

我讲一个佳依的故事。

佳依，她是科比的粉丝，是我的妹妹。她是一个大大咧咧的姑娘，却又是一个认真可爱的女神。她每次咧开嘴笑的时候，都会露出两颗小虎牙，看起来非常俏皮可爱，但和解说与球迷互动时，佳依又会回到“大姐大”的模式，时而莞尔一笑，时而火力全开，让球迷们如痴如醉。

有一段时间，比赛直播中开了一个弹幕时刻的环节。就是在比赛暂停时，女主播给球迷表演才艺。有人唱歌，有人跳舞，轮到我时，我表演了一个魔术。

我表演的魔术，没有一点点技术含量，而且完全是本着搞笑去的，没想到，效果意外地好。

我们领导就让佳依多看才艺表演环节，还夸我魔术变得好，球迷都很喜欢。

因此佳依就特别认真，去网上买了很多魔术道具，什么易燃的、洒水的，然后带到演播室。导演知道后气炸了，演播室那么多设备，哪里禁得住这么折腾。

魔术虽然没有变成，但佳依认真的性格却给大家留下很深的印象。不过，我才是这件事的最大受益者。导演最后开会时说，以后除了我，谁也不能在演播室表演魔术。

这只是我和佳依之间的一个小故事。但这恰恰说明，我们为了每一句口播，每一次活动，每一场比赛，都做了足够的努力。

我是库里的粉丝，美娜是詹姆斯的粉丝。正因为是这样的关系，就有很多人说我们两个关系很微妙。尤其是在骑士队和勇士队

连续打总决赛的那几个赛季，但是我想说的是，我们真的是非常非常好的朋友。

美娜，她不仅有靓丽的外表、甜甜的酒窝，而且她的直率、真实也深受球迷喜爱。2018年，东决抢七，詹姆斯打满48分钟，带领骑士队击败凯尔特人队。终场哨响的那一刻，镜头交还给演播室，美娜的泪水，成为球场外最动人的风景。

美娜的泪水，就是我们在工作中最真实的体现。这样的情景，也发生在我身上。当勇士队在附加赛中被灰熊队淘汰的时候，我也是流下了泪水。无论是我，还是美娜，除了因为工作去直播比赛，我们是真的被篮球这项运动折服，是真的被詹姆斯和库里所吸引。

生活太苦，我们要学会自己加糖。从日子的溪水中，欣赏波纹。从柴米油盐的细碎中，理出头绪。心有一束阳光，便能驱赶黑暗，我和我的姐妹们都想成为那个发出光芒的人，点燃别人好好生活的希望。

生

活

GRACE GRACE GRACE GRACE

岁月

七言
七语

人总要学会独立

文/王小七

有人说：不要过分地神化“朋友情谊”，人总要“独立”。

独立有很多层含义：比如缺钱的时候不找父母接济，孤单的时候不用朋友陪伴，委屈的时候自己闷着熬过去。

不管多么“要好”，没有人会放弃自己的事业全来帮你，也不会有人自己困难还借钱给你，最后大家都有自己的生活。

朋友的含义并不是牺牲自己来成全你，而是远远祝福，各自江湖，暗中努力。

关键时刻当然要拉一把，可是如果没有拉住呢？也算尽力了。

人一生会和很多伙伴同行：

开始我们还很弱小，要成群向前，后来慢慢地大家各自强大，各有各的主意。

到一个路口就拐弯一个，再后来，你发现自己已经足够强，一回头却只剩下自己。

这个时候，和世界对抗的，再没有同行，只有自己。

七言七语

七言
七语

要死要活之歌

文/王小七

青灰色台阶，一步步拜别
回首再相望，丹赤已衰竭

从未想过用如此的方式告别
这场旅行对你我都是次浩劫
如果可以重新选择
我依旧相信那晚月光皎洁

雪青裙飘扬，风起云归降
回眸落鲛珠，终知君已亡

从未想过用如此的方式告别
这场旅行对你我都是次浩劫
如果可以重新选择
我依旧相信那晚月光皎洁

终是庄周梦了蝶

我非太阳，不能自行发光，

但我发出光芒的方式就是工作。

工作不仅带给我物质的满足，特殊的工作性质，让我更容易产生影响。聚光灯下的专业与美丽，让我的人生饱满。

我其实很早就步入职场的江湖。压力促使我快速成长，非议也时刻形影不离。人非圣贤孰能无过，积极的心态能抵抗一切。冥想是一个很好的释放方式，能收获专注并感受内心。

在职场上，我们都是巨大机器的小小齿轮，但齿轮也可以有自己的呼吸和声量。

我们的周围并非只有小鞋和流言，更有善意和温柔，热爱能抵消一切，我们的上面只有天空。

工作初体验

大二的时候，我就开始尝试着丰富自己的社会经验。我的很多同学都开始找实习，我也如此。

对于播音主持专业的学生来讲，车展是个很好的锻炼机会。幸运的我收到了两家公司的offer，任务接过来，长长7页A4纸串词，无数的专业术语和广告权益，都需要从我的嘴巴里蹦出。

“一个字都不能错。”这是客户的原话。

在我这儿俩字：绝望。

那一周的准备时间格外漫长，因为是第一次，我准备得格外细致。我时时刻刻都在看稿子，不断地模拟演练，还准备一些预案，万一出了错，我好能够及时补救。

那些天，我吃饭都心不在焉，睡觉也会偶尔蹦出一些没头没脑的话，我室友还以为我打游戏入魔了。

第一个活动的前一天，我才苦苦啃下所有串词，已经拼尽了全力。过程很痛苦，好在结果很爽，客户对我的表现很满意，爽快地支付了报酬，这是我人生的第一桶金，我拿着它去买遍全世界。当然，其实也只是能买到几件衣服而已。

可是还没等我庆祝，一个电话就把我从激动山顶推下了悬崖。

挣钱不容易

生活好努力

负责另外一个活动的公关公司问：活动还剩三天就开始了，准备好了吗？

又是一个7页串词，仍然是无数的专业术语和广告权益，我一个字没背。

虽然两个活动都是汽车品牌，但两家公司的品牌术语完全不同，我需要从头开始。

公关公司知道后，直接就跳脚了。他们的老大直接找到我："剩下几天每天都来公司背词，晚上十点再走。"

我没有等到十点再走，直接熬了一个通宵，7页，一字不错。

活动现场，我像个带着开关的机器，切换着运行程序，直接进入另一个系统，我到现在也不清楚自己是如何做到的。

但人都是被逼出来的，那可能是我记忆的巅峰，回北京时，我走路也轻飘飘。那是喜悦的步伐，如同踩在棉花糖上。

都说万事开头难，接连拿下两场活动，我也开始自信不少。

大概两个星期以后，有一场电影发布会到我们学校进行点映，需要找一个女主持。电影方希望找一个在校的学生，这样能加强与学生之间的熟悉感。我被接连两场的胜利养肥了胆子，得到消息后，我就毛遂自荐给电影方发去了资料，表明了意愿。

我还录了一段主持的视频，一并发了过去。

电影是一部文艺片，投资成本不太，导演和演员也不是特别知名，因为从小就有一个导演梦，我就特别想认识他们。

几天后，电影方给我回了电话，问了我一些事情，就同意让我试试看。

彩排那天，我对着空荡荡的报告厅自说自话，只有导演和几个演员、工作人员坐在台下。导演对我很认可，策划这场活动的负责人则提醒我千万不能忘记特别设计的环节。

活动那天，有不少同学来支持这场电影，我总算不负众望，掌控住了全场。谈不上出彩，但氛围还算融洽。这是我第一次管控全场，等到活动结束，我才发现，我的手心全是汗。

时间一天一天过去，我也在一点一点成长。我在游戏中打怪升级，也在现实中被各种挫折磨砺得更加强大。

回想我在腾讯第一次做直播，就没有那么顺风顺水了。

那天我正说着，麦克风突然掉了，我慌了大概一秒钟，立马用手把麦举了起来，就这样全程举着，一直到导演切屏。

而麻烦总是赶着趟来。我正说着话，眼前的屏幕突然黑了，你可知道，那可是比麦克风掉了更严重的事，我只能尴尬又不失礼貌地“胡言乱语”，心中则在祈祷导演赶紧切屏。

这样的错误其实可以算作直播事故，但没有人责怪我。我的自责与愧疚只能埋藏在心底，把它当成是一种经验。后来的直播中，我都会在直播前反复检查各种设备，只求做到万无一失。

谁也不是一出生就变得伟大，科比也是从一个三不沾开启了一个王朝。我们要允许别人的失误，并帮助他提高。这是我在腾讯实习时最大的收获，也让我受益终身。

幸好，幸运女神偶尔还会光临我的生活，让我不至于那么狼狈。

我现在其实很感恩那些错误或者失误，它们都是在我不那么成熟的时候、大家对我包容最大的时候犯下的，它们不仅没有浇灭我的热情，还激发了我的斗志，让我变成了一个更好的人。

成长就是不断地获得，同时也不断地失去，这个世界是公平的，全看你够不够努力。

FLOOR GENERAL

FLOOR GENERAL

PENGUIN

爱上了“企鹅”

大三的时候，我在腾讯实习过一段时间，就是做NBA女主播。

当时也挺逗的，腾讯公司的一个高管来我们学校讲一堂公开课，但这种公开课都是自愿参加的，所以很多人都会翘掉。

我一个学渣，当然是睡觉更重要。

大家都不去听公开课，我们的辅导员很没有面子，他就在班级群里放狠话：谁不去听课，综合测评扣100分。

收到消息的我当时就崩溃了，下午两点多，我真的还在睡觉，我连脸都没有洗，就冲到了教室。挑选好偏僻的位置，我把梦给续上了。腾讯的老师讲了什么我完全不知道，快结束的时候，我醒了过来。我听见他说，现在可以提供两个实习的机会，一个是NBA的女主播，一个是报道巴西世界杯的前方记者。他希望在我们班里招一些人才，有意愿的半个小时后可以到旁边的教室面试。

鬼使神差地，我竟然去面试了。我竟然完全忘记了自己没洗脸的事实。

我想着就简单地聊一聊，不行就去吃晚饭。到了现场，没想到还架着摄像机，非常正式的那种样子。

面对镜头我才想起自己的脸面问题，然后强大的我就安慰自己，反正“脸”都不要了，还怕什么。

我们简单地开了场，就直奔主题，腾讯的老师问我喜不喜欢体育。

我说喜欢啊，然后就把我小时候以及现在看球的故事讲给他听。他觉得我还挺懂，就让我在镜头前试一试。

我就很直接地说：“您来讲课之前，我还在睡觉，被班主任强行叫来，我脸都没有洗。”

他一点也不生气，还开玩笑地替我说话：“肯定是看球看累了。”

我不禁莞尔，走到镜头前白话了一阵，我敢肯定，正是他那一句玩笑，让我突然非常想要抓住这次机会。

面试结束，他直接让我第二天去腾讯公司试镜。第二天去试镜后，又让我转天就去上班。

就这样，我稀里糊涂地成了上班族，当上了女主播。

刚做女主播的时候，每天都慌慌张张的，前面章节也写过我实习时出现的问题了。那时候每天状况频出，还好大家都很包容我，也都愿意教我。我觉得这里氛围很好，也能够学到东西。我爸妈知道我在腾讯工作后也很放心，毕竟微信天天都用，朋友圈天天都刷，这是个可信赖的企业。

女主播当了两个月，赶上巴西世界杯。领导决定让我也参与进去，就把我派去巴西。在巴西，我第一次在比赛现场目睹了众多球员的英姿，有一点点得意忘形，也因此差一点命丧“足球王国”。这个故事会在后面单独写到。

世界杯结束以后，我要回到学校处理毕业事宜，就告别了腾讯。但我与腾讯、与NBA、与体育的缘分尚未结束。

2015年，腾讯拿下了NBA在中国的直播权后，四处招兵买马。

某一天晚上，我被老领导召唤："你愿意回来吗？还是做女主播。"

于是，2016年，我再次回到腾讯，成为一名真正的女主播。我见证了从小绿屋到高端大气的演播室，见证了从几十人的小直播组到光王者都能组好几个队伍的大团队。看到这些，我对未来充满了期待。

更高端的设备、更庞大的阵容，也就预示着更专业、更精彩的直播效果。因为熟悉的面孔都在，我不觉得压力巨大。但我中途离开过，还需要和团队进行磨合。在这个过程中，我觉得我爱上了"企鹅"，准确地说是我爱上了那种氛围，大家心往一处想、劲往一处使的那种感觉。

我也渐渐懂得如何更好地陪大家看球。如今，每次陪大家看完球，我都是充实的，更是快乐的。我确信，我们不仅仅是在直播比赛，更是在试图改变些什么，而且非常努力。

还有最重要的一点，我真的真的非常感谢球迷的支持和鼓励。我们一起见证过跌宕起伏，见证过横扫千军，见证过浴血奋战，见证过绝地求生，未来我们还将见证更多的奇迹。狭路相逢勇者胜，天高路远任鸟飞，我也会在腾讯的翅膀上眺望远方。

刀架在脖子上

差点命丧巴西的骇人事件发生在2014年的巴西世界杯期间。

那一天是7月8日，我深深记得那个日子。那一天，不仅我遭遇了人生最大的危机，也是巴西队足球史上最黑暗的日子。

那一天，巴西世界杯半决赛在贝洛奥里藏特的米内罗体育场进行，东道主巴西迎来德国队的挑战。

双方那时候共八次夺得世界杯冠军，也迸现出数不胜数的球星，所以巴西、德国之间的比赛吸引了全世界的目光。然而这场原本被认为是火星撞地球般的强强对话，最终却成为世界杯半决赛史上胜负悬殊最大的场次之一，德国队在巴西队的地盘上以7比1的结果“羞辱”性地将他们淘汰出局。

1：7，对于巴西足球来说，这不只是一场比赛的失利，更像是整个国家的足球葬礼。

那天的里约热内卢沉浸在一片悲伤之中。不晓得是仇恨滋生了无尽的暴力，还是贫穷壮大了人们的胆量，我被几个巴西人抢劫了。

那天的工作结束后，我和一同工作的同事们到海边的一个餐厅吃饭。吃完饭，我想吃巴西的一个特产——阿萨伊，类似于冰沙，海边就有摊贩售卖。我

BRAZIL WORLD CUP

BRAZIL WORLD CUP

一个人去了海边，买了一个阿萨伊。

炎热的天气，凉爽的海风，我坐在海边聆听海浪拍打岸边的声音，甚是轻松和惬意。

然而，有一个陌生的当地男子走到我面前，问我是不是一个人。我说我朋友就在旁边，马上就会过来。他流露出失望的表情，于是离开了。

走出去不到10米，他又折返回来，问我讨烟。我说我不抽烟，也没有烟，然后那个男子就走向远处的另一个男子。我看他们像是在交谈什么，觉得有点危险，就小跑着准备离开。

然而那两个男子追了上来，拦住我的去路。那时候天已经黑了下来，周围人不是特别多，路灯并不是特别亮，我害怕了。我就问他们："你们想干什么？"

问我讨烟的那个男人没有说话，直接从口袋里拿出一把水果刀架在我脖子上，并小声地威胁我："不要大喊大叫。"

我哪里见过这种场面，只感觉浑身冰凉，人都要晕倒在地。那名男子一把拽住我，我才勉强站立着。我哆哆嗦嗦地问他们要什么，表示什么都可以给他们。

一直没有开口的另一名男子说道："Money，Money，Money."声音很低沉也很急切。我连忙说"OK，OK，OK"，然后就示意把包包取下来给他们。

拿着水果刀的男子拿到我的包，递给了他的同伴，刀口也离我脖子远了一点。他们开始翻我的包，看到值钱的就拿走。我的包里有价值7000多元人民币的巴西雷亚尔（巴西货币），还有手机、充电宝以及游戏充值卡。

他们拿着游戏充值卡问我密码，我赶紧随口报出了6个数字。那名男子拿出手机试图记录下来，让我重复一遍。然后他装起手机，问我的手机哪里去了。

我的手机装在包包的一个夹层里，他们没有翻到，我当时完全吓蒙了，以为出来没有带手机，就下意识地说手机落在酒店里。怕他们不相信，我还把衣服口袋全部翻出来给他们看。这回他们相信了，说了一句倒霉，然后把我的包扔在地上就跑了。

看着他们离去，我捡回我的包，他们没有拿走我的护照，我已经非常高兴了。在我回去找同事的路上，我包里的手机突然响了。我吓一跳，赶紧回头，确定抢劫的男子已经跑远了，才赶紧摸出手机。

电话是同事打过来的，主要是我太久没有回去，担心我遇到什么事情。

化险为夷的我没好气地说："你们这电话要是早一分钟打过来，我恐怕就要因为欺骗被那两个抢劫犯抹脖子了。"

回到吃饭的地方，我把详细的经过跟同事们说了，他们也是一阵后怕，表示以后不管什么事情，都不能单独行动。

委屈的我

过了两天，我们把这个事情跟外国的同行讲了一遍，想要提醒他们注意安全，没想到他们说早就有准备，因为前几天有墨西哥的记者也被抢了，还是被人拿着步枪抢了。

听完后，我不知怎么，竟觉得自己还是幸运的，那只是一把水果刀而已。

巴西的这个插曲，让我第一次直面危险和恐惧。刀架在脖子上的那一刻以及劫后余生的那一刻，我收获的是淡定与勇气。我在想，就算手机在抢劫过程中响了，我也能进退自如，毕竟他们只为钱财。（我其实收获的是怂，根本不是淡定和勇气，这事太后怕了。）

这次经历，仿佛也在告诉我一个真理，我所做的工作，没有彩排，也不能重来，时刻都会面对意外，需要一颗强大的内心来随机应变。迎难而上并不都是伟人，知难而退也不全是怯弱，一个人勇敢不是因为不害怕，而是心中有信念。

“红”与是非

2016年底的时候，有一个朋友问我：今年你最开心的事是什么？我毫不犹豫地告诉他，有一群可爱的球迷爱着我，而我也能陪着他们一起看球。

源于大家对篮球的热爱，源于平台的提携，源于自己的一点点努力，我拥有了不少支持我、喜欢我的人。

喜爱我的朋友说，“长江以北，小七最美”，也有更支持我的朋友，将我形容为“中国最美的库里女球迷”。我真的担不起，但是还要感谢各位朋友的厚爱。然而在一切发生改变的过程中，尤其是像我这样的工作性质，总会有很多是是非非。我是一个主持人，同时也是一个主播，因此某些话、某些事情总能引起大家的讨论，甚至会让我非常烦躁与不解。

在移动互联网时代，网络到处充斥着暴力。人们曾对互联网技术的进步寄予厚望，将它视作促进民众参与和社会开放的有效工具，但技术和科学并不能自动形成自由理性的力量，网络还有可能沦为藏污纳垢的“公共厕所”。

无论是知识精英、商业领袖、娱乐明星，还是像我这样有一点名气的小主播，都可能遭受到网络暴力的围攻。粉丝文化带来商机的同时，也带来副作用，

网络暴力也作用在我与我的姐妹身上。

我的微博下面也经常有人来攻击我，说我是一个花瓶，说我就是一件好看的摆设。起初看到这样的言论，我感到委屈和不解。我从事我爱的事情，那是我的工作，我只想将最好的一面展现给大家，为什么会有如此的言论来评价我呢？

慢慢地，当一切习以为常的时候，我开始妥协和接受。因为这就是网络时代的特性，我的工作属性就决定着我得接受这一切。

其实我想说的是，虽然我是库里的忠实粉丝，但是并不代表我不能去夸赞别的球员。我也曾思考为什么互联网发展没有让人们变得更加理性，后来在一次吃快餐的时候才想明白了这个道理。

互联网时代，流量为王，大量粗制滥造的信息满天飞。肤浅、破碎的“投喂式”网络阅读，让一部分人满足于浅尝辄止的状态，变得思维懒惰。在这样的情形下，理性、优雅、平等、文明的对话付之阙如，而网络暴力、过激言论、恶意炒作、低俗之风变得不可避免。

我如今已经平淡很多。

经常有朋友说，我现在已经红了，

但是我真的只想说一句，我就是一个普通的打工仔、干饭人，

我的生活，

没有因为我的工作发生翻天覆地的质变。

我还是那个小七，

也还是父母的掌中宝。

走在大街上，偶尔一两个粉丝的合影，

就是对我最大的肯定。

“红”

是一个代表色彩的词，

我只希望：

我的工作，

让我的生活，

更加丰富多彩，

而不是成为我的一个

修饰词。

热爱却平淡

有一次，我和一个女导演聊天，说起工作，她说已经从事NBA这个行当有七八年了。

她说："做体育工作的人都有一个共性，大多数都因为喜欢，或者可以说是热爱。"

她是个很专业的球迷，毕业后义无反顾地投身到NBA事业，做上自己喜欢工作的那一刻，无比幸福，觉得这就是这辈子可以为之奋斗的行当，实现了梦想。

尤其是在工作的头两年，可以近距离地接触球星，到全明星和总决赛的现场，周围朋友的赞许，球迷的羡慕，这一切的一切对于一个初出茅庐的小丫头来说都有巨大的满足感。

时光荏苒，她长大了，成了一个大人，结婚了，生活里除了篮球，还有老公、房贷和车贷。

有些事情不再是她喜不喜欢这样，而变成她能不能这样。

突然有一天，她做完节目，正在直播勇士队和火箭队的比赛，那一刻她犹豫了一下，没有打开电脑，她说："我的工作结束了，那一刻我想做点别的，不管是什么都行。"

"高中的时候，老师说把自己的爱好当作工作，也许不是一件好事。”她说直到现在她好像才明白这个道理，她自顾自地念叨着。

“工作需要负责任，要克制自己的偏好，要强迫自己去看，一年两年还好，到了第七个年头，有些倦了。当你把篮球当作工作的时候，无形中，生活里也就缺失了一个爱好。”

我望着她有些疲惫的面容，想了很多。

我对于经历的一切事情都会新鲜，篮球也是我一直钟爱的运动，每每看到勇士队的比赛都会兴奋不已。

可是想想，我已经很久都没有能坐下好好地去看一场勇士队比赛了，尤其是在播比赛的时候，我大部分精力都要放在注意流程、熟悉广告权益、与网友互动的留言。我首先要做好我的工作，而看球是最不重要的。

所以当库里绝杀比赛，当库里精彩抢断，我的脸上好像并没有表现出什么翻江倒海的喜悦，那不是因为我不热爱了，只是因为工作让我变得克制。

的确，做这个行业久了，会产生千篇一律的感觉，每当这种感觉出现的时候，我都会反问自己：是真的不爱了吗？

当然不是，只是时间让我们越来越沉稳，平淡的热爱反而更加真挚。我会在工作之余发展更多的爱好，结交更多的朋友，去更远的地方，然后把这些快乐、见识、美好分享给我的球迷，这不仅丰富着我的直播内容，也让我的人生更加饱满。

其实，不播球的日子，全身心投入一件事情的感觉真的很爽。

篮球并不是我生活的全部，还有很多有趣的事情等着我，没有人愿意被捆绑。

我也不知道把爱好当作工作是幸福还是悲哀，也许我会有厌烦的那一天，或者球迷们会有厌烦我的那一天。但不管怎样，我都在时刻做着准备。如果真的有一天，篮球抛弃了我，我也会从另一个行业冒出来，我的内心还藏着一个导演梦呢。

篮球会抛弃我吗？你们会抛弃我吗？

热爱篮球让我学会一件事情，就是懂得尊重——尊重每一个人，尊重公平竞技，尊重比赛本身。这里是最高水准的对抗，不管胜负结果，都值得鼓掌，因为本质上就是对人类极限的一种挑战。竞技体育的核心不就是挑战与奇迹吗？用心创造的一切事物不都值得敬畏吗？

各位小伙伴，或许你们还在上学，或许你们刚刚参加工作，或许你们已经工作了很久很久，每个人都在体会生活冷暖，不如意也会如影随形。我们要学会与自己和解，与孤独为伍，于平淡中发现美。

曾经的我，既宽容大度，又时常怒火中烧；能当机立断，又时常优柔寡断；对周遭充满了好奇，却又感觉事不关己。你们也是这样吗？

这个世界每天都有负面的事情发生，每个人都有各自的烦恼和不容易。我们能怎么做呢？

当然是爱上它。

与糟糕世界的良好相处，才能让我们过上理想的生活。这当然是困难的，也没有方法可改变，但如果懂得，就一定非常快乐。

我可以告诉你们我的方法，保持健康与积极的心态，拥有两三个亲密的朋友，可以偶尔放肆，更懂克制的快乐。

谢谢，谦逊的老师

下面的文字，写给工作中的前辈们，谢谢你们。

张卫平老师，是我工作中的老前辈，也是中国篮球的老前辈。如今已经年过70岁的张老师，依然活跃在各大平台，为篮球事业继续做出自己的贡献。当然，张指导在网民心中依然有着很高的人气，“卫平·布莱恩特”就是最好的证明。

我大三实习的时候，就有幸和张指导搭档过，当时就觉得要和篮球圈这么资深的前辈搭档很紧张，而且我不知道自己会不会因为某些话、某些举动而得罪张指导。

然而一切都是我多虑了。

第一次见张指导之后，才发现他特别和蔼，真的就像爷爷一样，称呼张指导为爷爷一点也不过分，因为当时张指导已经60多岁。虽然是和张指导第一次合作，但是他那特别亲切的笑容，让我们很快就成了朋友。

我也终于当面听到了张指导的笑声，亲和力十足。当时他还送了我一盒外国巧克力，然而我没有给张指导准备任何礼物。

后来再回腾讯的时候，只要张指导在北京，我们搭档的也蛮多的，就更加熟悉。有这样一件事，对我

现场看球的体验

真的太爽了！

有着很大的影响，让我明白了很多道理。

2018-2019赛季，NBA总决赛在猛龙队和勇士队之间展开。我们有一档节目，需要去美国前方拍摄，作为库里的小迷妹，我也有幸参与这个节目，并且成为出镜的主持人。而且我的搭档就是张指导。

这个节目，需要我们自己来完成拍摄，因此全程需要自己举着摄像机，但是我和张指导身高差又比较多，所以录制期间，张指导全程弯着腰来将就我的机位，我当时就特别感动。这可是一个60岁的老人，他可有着1.93米的身高。

我们拍摄节目的时间很长，张指导从来没有抱怨过自己的累。这只是一件小事，但却给我一种永远忘却不了的记忆。张指导的谦逊，在这里教会我太多。我也将这件事谨记在心里，时刻在工作中提醒自己，保持谦逊。

那次在美国前方，我也是第一次去，对前方完全不熟悉，张指导特别耐心地给我讲解，只要有和他关系特别好的球星，他就立马把我拉过来，和他们打招呼。这样做，可以让我的节目内容更加丰富。

另外张指导在前方特别辛苦，加拿大、美国来回跑，对于我这个小年轻来说，甚至还有着旅游的冲动，但是张指导就不一样了。在勇士队主场打完之后，猛龙队已经拿到赛点，张指导要回加拿大转播比赛，我就留在美国。我在甲骨文球馆门口委屈巴巴地跟张指导开玩笑说："张指导，您一定帮我把比赛再带回来！"张指导特别认真地安慰了我半天。

最终勇士队输掉比赛，无缘总冠军。张指导给我发消息说，下个赛季勇士队再战。

其实我们每个人在工作中都会遇到很多前辈和老师，他们的一个小举动都会对我们产生重大影响。张指导的谦逊，让我铭记在心。同样，借此机会，我想感谢所有帮助过我的前辈老师们。

被网友不停“打脸”的杨毅老师说过，预测这件事，开弓没有回头箭，错了，也得硬着头皮上。所以，我如今每个赛季都在坚持“勇士总冠军”的口号。

专业严谨的苏群老师，向您不断学习。每次和你搭档，总是受益匪浅，收获很多专业的篮球知识。

段半城，段冉老师，你的《库里传》非常好看，我已经好好地收藏了。另外，替广大网友朋友发问：“你真的有半个城吗？”

小托马斯，王猛老师。你真的和小托马斯不认识吗？世间，怎能有如此的想象。每次听你的解说，你的幽默总是能感染我。

柯老板、大鹏哥、克爷、殳海老师、子星……我就不一一说名字了，谢谢你们在工作中给予我的帮助。王小七很高兴，在NBA主播这条道路上有你们做搭档和陪伴。当然，还有我的各位领导，谢谢你们。

在这里写的文字并不多，都是情真意切。我们的工作中，需要引路人，需要老师、前辈的帮助，需要领导的理解，需要搭档们的默契。

飒

SUIT

LOVE YO

UR LIFE

我就是我

颜色不一样的花火

RaesthetE

水花兄弟（一）

文/王小七

库里："有一场，我32分钟11个三分！"

克莱："我西决G6，季！后！赛！11个救场。"

库里："我12个三分绝杀雷霆！"

克莱："我单节37分。"

库里："我有MVP。"

克莱："你是说：总决赛MVP？"

库里："你三百六十度扣篮都能扣飞。"

克莱："你生涯扣飞的，网上有集锦。"

库里："我单场13个三分。"

克莱："哦，我单场14个。"

克莱："你13，我14，让我们为1314！干杯！"

库里："……"

水花兄弟（二）

文/王小七

克莱和库里，有很多相似的地方，比如：都有点"傻"。

不过一个"傻"在脸上，另一个偶尔"傻傻"放飞自我。

如果非要区分：克莱是"呆萌"，库里则是"智障"。

我想大概是因为俩人私下性格都非常温和。他们场外有关的新闻很真实，像是……两个大男孩?

比如：库里镜头前永远蹦蹦跳跳，没有个正形，简直就是个小朋友。

七言
七语

克莱？你是说他喝啤酒？运球总丢？给面包机签名？转体三百六十度花式扣飞翻滚落地？还是一直最宠NBA的名狗：Rocco？

其实是因为他们的成长环境：

他们的父亲是NBA球员，而母亲都是排球运动员。

经济富裕，中产阶级无忧，有良好的成长环境，从小就跟“魔术师”、卡特、科比这样的名宿一起玩耍。

什么场面都见过，不为吃喝发愁。

他们不用像艾弗森、KG一样，任何事情都要靠自己争取，性格必须强势。

想想看，你身边是不是也有这样的人？一般好像都还挺温和的。

但是，到了场上，两个人就变成了另外一个样子。

他们血液里流淌着父辈运动员的竞争基因和好胜心，把他们变成恐怖的“冷血杀手”，而且是世界超一流水准的“刺客”。

更可贵的是，两个人都很无私。

记得克莱有一个时刻：原本空位三分，他非传给身边的库里，库里晃开防守队员，看到克莱空位又传回来。但是克莱已经高举双手开始庆祝了。

所以球就出界了……

这两个人能变成队友，真的不知道是不是上帝的刻意安排。

我常常在想：他们本可以是这个时代最伟大的“三分宿敌”，为什么却在一个队里？

叁

这样一个章节，留给我最爱的库里。为什么选择“叁”这个标题，我想所有的球迷朋友都会明白。

斯蒂芬·库里，这是一个改变篮球潮流的球员，在篮球赛场上，他就是无所不能的存在，是一个时代的弄潮儿。

而在场外，库里不仅是一个好丈夫、好父亲，也是一个热爱慈善、有着完美生活格调的人。有人说他是小学生，也有人说他是萌神，其实，他是一个最真实的NBA球员，一个能在场上和场下都可以打动你的人。

回首2009年，库里开始登上NBA的舞台。

第一次从电视上见到库里，他的样子还有些青涩，像个突然闯进陌生世界的小孩，笑起来很纯净，让人感觉暖暖的。眼神是骗不了别人的，他的眼神，清澈见底。这个瘦弱的家伙将怎样在这个NBA的世界生存呢？最初觉得他运球贼溜，有一手不错的三分技巧，可能是我见过的最美的压腕。后来发现他身上有的不限于此……

我也没有想到，我与库里会有如此美妙的缘分。有人说我是最美库蜜，其实我想说，我是最幸运的库蜜。

那一次库里来到中国三天，其中有两天我都与他待在一起。我还和他握了手，他表现得非常绅士，握得很浅。然而我却永远也不想放开。

篮球

丈夫

父亲

库里

纯净

绅士

缘分

鲜衣怒马少年时

2011年9月，我步入大学，而库里结婚了，我们都进入了另一个人生阶段。

看了他和妻子阿耶莎的情史，从小相识，一见钟情，他对她说：我会娶你。库里实现了他的诺言，也让世人见识到一段爱情佳话。

其实不知道有多少人说出过这样的情话，可是又有多少人无法完成这样的情话呢？库里做到了。这样的爱情故事，让我对库里的执着开始渐渐地增加。

慢慢地，勇士队的比赛转播我都看，即便是当时转播勇士队的比赛还比较少。敏捷而灵巧，舒展充满节奏，就是不管进与不进，但姿势是一定要帅的。他是一个精灵，穿梭战场却抓不住，像是米那斯提力斯保卫战中的莱格拉斯·绿叶（电影《指环王》剧情）、今朝有酒便醉原地画圈后消失的李白、无量山下练就凌波微步的懵懂少年段誉。

逍遥派是我最喜欢的门派了，他们的武功轻灵飘逸、娴雅清隽。身从花丛过，片叶不沾身（段誉虽然不是弟子，却颇有渊源）。温润如玉，翩翩君子，英俊善良却又一往情深，让人情不自禁地喜欢上他。

那时候，对于库里，我就是如此的感情和喜欢。

越了解越觉得库里与段誉的身影重合，无论是球风还是人设都遥相呼应，现在想来，喜欢上库里也并不偶然，不过是小时候喜爱的延续，和大部分东方人一样，我爱飘逸轻盈。这一切体现在篮球上就是如此。

库里的开始，并不是一帆风顺，过多的伤病影响了他的发挥，甚至一度被人看扁，他的未来……他哪里有什么未来。然而后面的故事大家都知道了，库里给了所有质疑者一个响亮的耳光，因为他开始慢慢地征服NBA、征服篮球世界，甚至改变NBA、改变篮球世界。这就是库里所做的，那个瘦弱身躯所做的。

2016年4月14日，这是一个值得铭记的日子，因为科比退役了！

这是科比的谢幕之战。他的骄傲，让他不能放弃。他拼到精疲力竭，坐在板凳上休息时都两眼发狠，那是年轻时候凶狠的战斗姿态。他狂砍60分，诉说着英雄迟暮的不老传奇。我会永远记得他，因为他曾经带给我太多的美好回忆。

不知不觉间，我也会发现，库里和科比有太多相似之处，或许这就是我喜欢球员的标准吧。当科比退役的那一天，有一支球队完成了单赛季73胜的壮举，如你所知，他就是库里率领的勇士队。

那天，也许真是一个里程碑式的交接。

此时的库里像我的一个朋友，看着他从懵懂少年到成名成家，见证着他每一个进步，三分球越投越远，越来越难。在某些方面，他确实是在打破人们对于篮球的认知，而且总会带来新的惊喜，要知道这种新鲜感在进化了100多年的篮球世界中越来越难找到了。他相对接近普通人的身材让球迷更有代入感：篮球有的时候可以不用像大中锋那样扣篮，也可以像库里那样投三分。

随着他夺冠、创纪录、失利，我和他一起开心，一起难过。金州勇士便是我的主队，有的时候我甚至觉得自己的心和他们都是连在一起的。

虽然喜欢库里，但我从未想过未来有一天我会站在他的面前。

CURRY

KOBE

当梦想照进现实

2017年7月的一个下午，头一天熬夜打游戏的我，还在起床与睡眠的挣扎中，哪怕肚子饿得咕咕叫，我也没有立刻起床的意思。此时我迷迷糊糊收到一条微信："7月24日，库里中国行成都站，你主持，准备一下。"

匆匆扫过一眼，便关上手机，翻身再睡。

也就在几秒之后，我猛然坐起，打了一个激灵，精神顿时抖擞起来。

刚才那个微信说啥？努力回想，后背开始冒汗，我终于彻底清醒了。因为在那一刻，梦想照进现实，我与我的偶像、我的库里、我的萌神要见面，我要主持他的中国行活动了。

此时的我受宠若惊，清醒的我又开始躺在床上发呆，因为我不敢起身，我怕一起身梦就醒了，怕再看手机，消息会撤回。冻结这个时刻，让我的梦想照进现实，留得再久一些。

生活往往如此，如果对一件事情过于期待，那等待就变成了折磨。慢慢地，我从兴奋变为紧张，从期盼变为焦虑，我甚至害怕那一天的到来："反正我现在生病了，干脆请假好了，不去见他。"

我和同事说："如果看见他以后我晕厥在台上，

请将我体面地抬出去，别让我走光。”虽然是句玩笑话，但是我真的不知道自己要用怎样的姿态面对他，或者换句话说，那一刻对我来说甚至有些神圣，不敢有任何期许，也不敢造次。我觉得陷入了一个进退维谷的局面，少有的，对自己信心全无。

一直以来，库里都像是我的一个朋友。不对，克爷（李克，中国男篮前队员，篮球评论员）形容我看库里打球，像看自己男朋友打球一样。看他一路走来，从无闻到成名。我为他欢呼，也为他担心。搜集关于他的一切，聚拢他的粉丝。时间久了，我都有些分不清这是单纯的崇拜还是过分的偏执。对我来说，库里好像是一种概念，是暖暖的光，是遥不可及的神。

23日成都暴雨如注，仿佛在为明天库里的到来而造势。回到酒店的晚上，我的焦虑和不安达到顶点。我只有一遍遍地去背着串词，抓住自己能做的事情，以期让明天有一个完美的答卷。

24日上午最终彩排，一切尘埃落定。我能做的似乎也就如此，剩下的只能交给命运了。中午饭食无味，微信群里告诉我，库里已经从酒店出发赶来现场，他和我越来越近了。此时多想和库里开启一个位置共享，看着他慢慢离我越来越近。

下午2点40分，候场，我还是有些紧张，不，其实是非常紧张。在休息室，听见遥远观众的欢呼，甚至以为活动已经开始，大家把我们忘记了。

上台我忐忑地向大家介绍自己。没有想到的是，获得了那么大声的回应，那一刻我有些感动。在这里真的要感谢现场的朋友们，是你们的欢呼让我瞬间消除了紧张，能够充满能量地拿出最好状态。

已经忘记时间，只记得现场的呼喊声越来越大，按照台本，我也要立刻将库里介绍给大家。没有时间去想他此刻离我到底有多近，我只知道那个时刻要来了。

让我们欢迎：“斯蒂芬·库里！MVP！MVP！MVP！”我用自己最大的音量向大家招呼。转身，定神，看见他抱着奖杯，在闪烁的灯光下，款款走来。

看我惊讶的表情

现在回想，那一刻我真的蒙在原地。一直喜欢的人，活生生地站在面前，实在过于梦幻。来不及回忆看到的画面，下一秒已经开始，我想拼命记住每一个瞬间。奖杯是那么沉，他小心翼翼，一步三顾，我也瞬间明白，这个奖杯有的不仅仅是重量，更是分量。

放下奖杯，库里转身向我走来，我待在原地。他好像一束光，周围一切都暗淡了。

那一刻，是弗罗多沉沦黑暗中精灵女王的召唤，是密室里哈利·波特念响的除你武器咒语，是鲁滨逊孤独度过二十八年两个月零十九天听见的远处笛声长鸣。

那种感觉我只能用“可怕”来形容，好不真实。

他伸出一只手，我本能地接住“HI，I Am Seven”。他轻轻点头，笑了笑，面向观众。

他的手很粗糙，都是茧，那是刻苦训练的印记。那是单场比赛投进13记三分的一双手，是绝杀雷霆的一双手，是总决赛捧起冠军奖杯的一双手，有关于他所有的记忆瞬间涌了上来，我真的感觉快晕倒了。

他和小朋友互动，教给学生们篮球技能，我的眼睛一刻也离不开他。不知为何想起第一次见到科比的场景，科比的气场强大到不能直视，而库里的气场暖暖的，像个朋友。我努力地克制自己不往他的身前靠近，因为我是一名主持人，我还有工作。

当他运球，当他投进三分，当他向观众走去，体育馆发出震耳欲聋的欢呼，原来NBA的事情真真正正发生在你我的眼前的时候，所有人都和我的感觉一样。

我在想：如果不同NBA当女主播，我可能也只能远远地围观。而现在我可以和他互动，站在他的身旁，原来他是那么高大，我是那么幸运。

看见小球员错失进球，他假装生气地砸丢矿泉水瓶，要不是碍于众目睽睽之下，我真的想捡起来，藏在怀里，带回家供起来。

原来只能在电视上看见他披着毛巾，现在他就披着毛巾在我的面前晃来晃去。活动里，他的耳麦掉了下来，我上前帮他轻轻地把耳麦摘掉。“我帮库里摘过耳麦”，我竟然帮过库里的忙，这也成了我后来一直炫耀的事情。

5VS5的比赛开始了，我知道随着比赛的结束，活动就要告一段落，我和他同台的时间也在一分一秒地减少，哨声结束，他又一次向我走来，“Hey，Seven！”伸手跟我击掌。这一掌虽然击得很轻，但在我心里却很重很重……因为，他记住了我的名字。

活动结束，他向工作人员要来篮球，运球向篮筐加速，三百六十度转身，篮球磕在篮筐前沿，他顺势在地上翻滚起来，第二秒我就反应过来了，他这个动作是在隔空向克莱·汤普森致敬，嘲笑那个“出丑”的兄弟。被他调皮可爱的举动笑得直不起腰，原来他真的和我们看到的一般无二。

这是我人生的一个里程碑，作为一个库蜜，我和库里建立了某种联系，把我和他拉到了同一个纬度，再看他们比赛的时候，感觉是否又会不同呢？让我的心永远地和他、和勇士队联系在一起。

在这里，我还要特别感谢所有的粉丝，感谢你们的支持和鼓励，让我感觉大家真的是一个超棒的团队，一个关于库里的组织，而我能成为其中的一员，荣幸至极。

“他使我躺卧在青草地上，领我在可安歇的水边。他使我的灵魂苏醒，为自己的名引导我走义路。我虽然行过死荫的幽谷，也不怕遭害，因为你与我同在；你的杖，你的竿，都在安慰我。”

我的英雄30年华

2018年3月14日，是库里30岁生日。

三十而立，对于一个男人来说，三十岁到底意味着什么？重要的是对于库里意味着什么？下面的文字，写在库里30岁生日之时。

是成长的过程。

2016赛季，库里带领勇士队披荆斩棘——73胜9负，创造了历史。但那年的总决赛，勇士队被詹姆斯带领的骑士队逆转，骑士队的彩条纷飞，香槟四溢，庆祝的喧嚣映衬得库里背影落寞又萧索。

2017赛季，杜兰特来了，那年的总决赛，是你们的复仇。这一刻换成勇士队的彩条纷飞，香槟四溢，你和杜兰特激动相拥的样子是那么感人。

我知道你每投进一个三分就完成抵抗疟疾的蚊帐的捐赠，直到今天也是。

2013赛季，你投进272个三分，累计送出的蚊帐是多哥共和国获得捐赠总数的一半。夏天，去非洲参与联合国慈善活动，坐在狭窄的车里，颠簸在崎岖不平的土路，两旁荷枪实弹的士兵，你也强作镇定自若。

旅程的最后，你问："我们什么时候能再来一次？"

是身份的又一次升华。

30岁的库里还迎来了第三个孩子。他和妻子阿耶莎依然恩爱如初，孩子们在新闻发布会上，总能给媒体和球迷带来惊喜。

我更觉得，三十而立是成长和责任，哪怕说30岁的库里依然给人以孩子的感觉。

来到腾讯已经五年，球迷们的支持以及同事们的厚爱，让我成为更美好的自己，也获得了一些成绩。不敢说立住了，过得还算可以。

我没有你那么大的能力，也没有你那么大的格局，但我也在尽自己的能力做一些公益。这个世界还有很多人需要我们的帮助，我既然选择和你站在一起，我愿意和你一起承担。

我会给流浪狗喂食，也会给保安大叔买水，看到有人求助会给他打一些钱，看到哪里的山货卖不出去，便会买很多分给亲戚朋友。我做的这些微不足道，但这却是我最近几年才意识到的。我想，随着我的物质和精神财富都越来越丰富，我会向你靠得更近。

现在的我人格已经足够独立，唯有面对你的时候，我还像一个小姑娘一样花痴。

我的英雄，我在无数个梦里遇见你。有时候你在打球，有时候你在逗孩子，有时候你正在非洲。我看见你在给非洲的孩子分发食物和衣服，他们快乐地将你包围。

我仿佛听见有孩子大声喊：“长大后，我也会这样做。”

库里，我的英雄，每次梦见你，我总感觉和你特别熟，有一种莫名的归属感：就好像你是我的人，不不不，我是你的人，好像也不对，但就是那种感觉。

感谢你，让我的篮球世界有了一个新的寄托。

感谢你，发着光，给予我力量，又伴我前行。

他们都说我是你的假球迷，从不贴你的海报，很少穿戴有你Logo的衣服。但是他们不懂，我的手机一打开，可全都是你呀！

你来中国用过的签字笔，也被我利用职务之便给藏了起来，好好地躺在我家那个精致的小盒子里。

看你打球的时候，我总会想起和你面对面的样子，那声“hi，seven”我多想再听一遍，我觉得永远都听不腻、听不够。现在我想问你：我的英雄，我们何时能够再次相见？

这是勇士的时代

2018年6月9日，NBA总决赛第四场，勇士队已经连赢三场，拿下这场比赛，就将横扫克利夫兰骑士队。

比赛结束前4分03秒，詹姆斯在所有克利夫兰球迷的注视下，被替换下场。

他很从容，时间变得很慢，他和勇士队的球员们击拳致意。

这一切让屏幕前的我充满敬意。

赢下这个伟大的对手，代表着金州勇士从这一刻开始正式缔造王朝时代。

四年三冠，史笔如刀，就印刻在NBA历史的卷宗上。

总有人回忆，自己当年经历的王朝，当年如何，今天又怎样。

其实，衡量球场事情的标准不应该是看球时间的长短。

老球迷看的多，有经历，有积累，但这不是理所当然碾压对方的理由。

新球迷看的少，有激情，岁数小，但这也不是无知任性谩骂的借口。衡量球场事情的标准只有一个，那就是有多热爱。

GOLDEN STATE
30
WARRIORS

所以，球队赢球应该是欢呼，你甚至可以高呼球员的名字，将伟大的时刻一遍遍传唱：而不是无止境的谩骂，人身攻击，重复那些球场争议，一起扎进那个阴暗的小角落。

当勇士队因为伤病不停地开始输球，输给豪强也憾负弱旅，有人怀疑：他们是不是连王者气概也一并丢掉了？

随着季后赛的到来，他们振奋精神，阵容趋于完整，一点点打出了原来的样子。

现在还记得与火箭队的抢七大战，输掉天王山的那一刻，我心里慌张无比。但要感谢火箭队这样的对手，在绝境中逼出了最强的勇士，勇士队延续着那样的状态，才在总决赛中战胜了伟大的詹姆斯。

勇士，慢慢从人见人爱，逐渐变成了与世界为敌，那从来不只是“他太强了”那么简单。

有这样一个问题：屠龙的勇士为何最终会变成恶龙？

回答：“少年的心性，总是会去崇拜屠龙的勇士，而不是恶龙。却不知，当有一天屠龙勇士面对堆积成山的宝藏，变成了巨龙的模样。”

勇士队没有变成坏蛋。

只是因为他们荣誉加身，自然变成了所有人打败的目标，当年是新贵，如今是王者。

看着英雄开天辟地，打败王者，创造历史，总是人们喜闻乐见的事情，是人性。

自从杜兰特加盟，他们就更加成为那支“不能输的球队”，因为你都有杜兰特了，四巨头，怎么可以输？

但就算是王朝，也总有谢幕的一天，英雄会迟暮，没人敌得过时间。

强如杜兰特，也是融入球队，而没法改变球队。

这或许才是金州勇士队真正让人着迷的地方。

我看球的时间不算长，见证过科比的两连冠的雄壮，也感受过迈阿密三巨头风光的一时无两。

所以，我更深深地知道，一个巅峰王朝分崩离析的凄凉景象。

作为球迷，当你有机会抓住一个时代，“这个时代”还有可能不断创造下一个历史的时候，真的是一件非常幸福的事。

我一直相信，中国的球迷很热情，也很可爱。我很幸运，在工作的同时，可以满怀激情地和这支球队一起向前。

王朝也总有崩塌的一天，不要等失去才回过头来缅怀，珍惜为何不是现在？

我有的时候会想：2013年，当勇士队在季后赛第二轮六场大战输给马刺队的第二天，有人跟你讲这支球队赛季会拿到总冠军，并且打破公牛常规赛72胜战绩，接着四年总决赛大战詹姆斯，建立一个王朝，你会不会觉得他是疯子？

2013年，我还是一个大二的学生，对我最大的挑战是期末的新闻播报作业。如果有人跟我说：明年你会跟着腾讯去巴西世界杯做前方记者，再回来之后成为一名女主播，需要在几千万人的注视下播完几页A4纸的口播，跟你爱的球星肩并肩地站在一起。我一定觉得他是个疯子。

命运的轨迹谁又能提前知晓？不要以五年作为一个时间节点来回看，才猛醒究竟变成了什么模样。

其实，每一年，每个月，每一天，事情和境遇都会有变化。

就像从我认识库里，一直到今天，他好像变了一个人：他的身体更壮实了，留了胡子，他把赛场上三分球重新定义，他还是三个孩子的父亲。

但是，他又没有变：他总是在自己超神的时候得意忘形，常常像个智障小朋友，他性格中的“温和”若隐若现。

我知道，这会是他永远的样子，又或者，是我选择记住的他永远的样子。

等到他霸王卸甲的那一天，我还是会选择，记住他现在的样子。

永不停止的脚步

2018年夏末，库里再次来到中国。

朋友跟我说过这样的画面：9月9日，武汉，瑞华酒店，29楼，总统套间。

库里认真端详着放在眼前的一张照片：从左到右分别是伊戈达拉、追梦、他和国王队的考辛斯。

我也说不清楚那是几年前的事。那个夏天，考辛斯来到了勇士队。

那个夏天，勇士队凑齐了真正的“五巨头”，我却有点慌了。

“凡事不可太尽……”虽然听起来只是一句俗语，但好像是说：万事留三分，低调些才会有余地。

我当然欢迎考辛斯的到来，也期待新赛季勇士队的表现，为他们高兴。

我很清楚即便考神不来，勇士队依旧要面对合同问题，但是你我明白：站得越高，摔下来也就越惨，不是吗？

勇士队后面的故事，就是如此。

时间来到2020-2021赛季，因为汤普森受伤，勇士队王者归来的步伐完全打乱了，常规赛胜负场几乎对半开。库里一个人扛着勇士队前行，职业生涯的最高分，竟是在他33岁的时刻到来。连续的高光时刻，让人们再一次被库里折服。

而我却看着替他心疼，他这是背负了多大的负担啊！这个赛季，库里经常带伤打球，尽管经常砍下40+的数据，球队仍然摆脱不了输球的命运。

小时候任性，认为："因为我不喜欢，所以是错的。"

后来成熟些了，明白："我可以不认可，但是我也能理解。"

尽管勇士队输了很多场球，但我却倍加珍惜每一场比赛，然后享受每一次胜利。

其实对于勇士队的球迷来讲，现在，此时此刻，就是最幸福的时候。陪着他们从谷底爬起，站上顶峰，难道不比一直待在半山腰精彩吗？

如果你钟爱这项运动，忠诚一支球队，崇敬一位巨星，那没有什么比他们正值巅峰、所向披靡更让人满足的了。

因为往往等到开始伤感追忆的时候，他们应该是已经分崩离析，走散各地，又或者变成名宿退役了。

不过不要慌张，因为到那个时候，也说明你已经长大。

再长大一些？再长大一些，你可能就不再关心这些事情了。

听起来很丧吗？

生活中还有很多更重要的事，"篮球"是源于热爱。

可总有一天，看球从激动变得寡淡，打球从飞天变得气喘，从前早起守在电视前，如今要早起赶班车。

其实说到底，"热爱"不能当饭吃，"工作"可以。

如果你是勇蜜，可以给自己提个醒：这就是最好的时代，当然希望能"更久”，但也不惧“后来”。

享受此时此刻他们带来的快乐，珍惜每一次的欢呼，把这一切好好地留在记忆里。

因为时代总会更替，把时间线拉长，就可以看到，杰里·斯隆率领那支铁血爵士队站在迈克尔·乔丹面前，眼睁睁看着“篮球之神”夺走他教练生涯的最伟大成就，盐湖城能源解决中心里红色公牛队疯狂庆祝。

形影相吊的他是否也在祝福这支30年前他为之奉献了整个职业生涯的芝加哥公牛？

保罗·皮尔斯率领凯尔特人对抗科比，他顶着洛杉矶整个城市的嘘声拿到赛点，回波士顿勇夺冠军。忘情的拥抱，但那一刻他又是否有一秒失神：想起身为真正“洛杉矶之子”的他如何面对发小和邻居？

伟大如科比，他说要“掏出费城人的心脏”，他做到了。踩着家乡建立起自己伟大荣耀，2002年全明星，费城漫天嘘声，他抿嘴皱眉地举起全明星MVP奖杯。

他说：“他们这样嘘我，踩碎了我的心。”

愿你我也可以记得：2018-2019赛季，勇士队“五巨头”+冠军替补，甲骨文球馆的最后一个赛季，他们没有伤病，每场比赛都拼尽了全力：温和又狡诈的科尔、面如呆瓜的冷血克莱、上场就BB永远能量满满的追梦、巨星光环笼罩的书包杜、偶尔卖萌喜欢皱眉装无辜的考神，还有那个“神经病”小学生库里。

等到十几年后，我再打开电视机，看着那年的勇士。突然回忆起2018年9月9日，库里在武汉看照片的那一个画面，感叹一下：“那个时候谁又能想到今天？”

时间不可逆，事实就在那里，对生活最美好的祝愿，不过是：“不要在我的墓志铭前哭泣，我不在那里，我没有长眠。”

或只是一句：“谢谢，你们好好的。”

其实所谓“永远”，不过是散场前的一场好梦：“深秋大院，酒二三两，偶有余光，翠绿金黄。”

勇士队，就是那片“金黄”。我与勇士结伴成长。

泪水，与坚持

2021年5月22日。

这是一个伤心的日子，我在演播室流下难以抑制的泪水。

泪水，没有歇斯底里，也没有泪如雨下。因为我还在直播，还在工作，还有一些克制。

顽强的灰熊队，以弱者的姿态，将勇士队拉下马。全世界都看好的勇士队，最终倒在了附加赛上，他们无缘2020–2021赛季NBA季后赛。

这是一个意外的结果，对所有喜欢勇士队和库里的球迷来说，也是对于我。

库里，很是无助。他在这一战打得足够出色。但是，他和勇士队被命运扼住咽喉。你不能再奢望33岁的库里可以做得更多，因为他真的尽力了。

你也不能奢望库里的每一个队友都有如神助，这就是竞技比赛的残酷。

回想赛季开始的时候，我畅想过勇士队或许晋级季后赛的过程很难，但是不会无缘。然而我的畅想破灭了。

我也畅想过库里会在这个赛季又一次迎来爆发。

事实正是如此，他在对阵开拓者队的时候，打出了职业生涯最高分，他一直高居MVP排行榜前列。

库里表现出色，球队却无缘季后赛。这就是一个残酷的结果、残酷的现实。

当比赛尘埃落定的那一刻，我脑海中涌现出太多画面，整个赛季库里的努力、勇士队的付出，我都历历在目。所以我的泪水在不停地打转，不停地打转。

整个赛季就这样结束了，这对于勇士队来说，是失败的赛季吗？我不会下定论。但是我知道，这不是一个完整的勇士队，毕竟“水花”都缺了一半。

就如库里在赛后所言：“我们不能接受这样的结果，但是它已经发生。下个赛季，我们还会回来。”

我们也不能想象，下个赛季勇士队究竟会以怎样的姿态回归，克莱·汤普森又会恢复怎样的水准，库里还会如此出色吗？

一切都是一个个问号，我们只能等待，我也只能等待。

赛后回到家里，我冷静地思考着。我为什么会流泪？除了勇士队出局，库里出局之外，还有什么原因呢？

我想明白了。

因为坚持。

这是一个多么不完整的NBA赛季，因为疫情，因为伤病。困难的又何止勇士队，何止库里，何止NBA。全世界不都在坚持吗？坚持当下，坚持去改变命运，坚持让疫情消散。

我也在坚持，我不想看到勇士队和库里出局，但是我只能接受现实。坚持自己的执着，继续去追寻勇士队和库里的脚步。坚持在自己的工作岗位上，给予球迷最真实的展示。

我坚持我自己的每一个内心的方向。

adidas
KIA

这
是
热
爱

THE BAY
30
Wilson
NCAA

Wilson
COMPOSITE LEATHER
NCAA
REPLICA GAME BALL

NCAA
REPLICA GAME BALL

CURRY
30

CURRY

THIRT

WARRIORS
30

ALL STA
KIA
LL·STAR
30

adidas
Wilson
COMPOSITE LEATHER
NCAA
REPLICA GAME BALL
CHAMPION

七言七语

线人

词/陈涛（我的吉他老师）

他不是先人　不懂前生

他不像仙人　不懂心动

他是个线人　变幻莫测

圆圆圈圈　套住了思维

主宰国中的臣子没有自由

方方正正　隔断了自己

主宰国中的臣子被阉亦可

我不像先人　懂我昨天

我不像仙人　正放仙气

我是个线人　正在被折

（我们乐队吉他老师写的一首歌词，感觉很有意境，分享给大家。）

佛祖归来

文/王小七

落日下，我和狗子晒着太阳
狗子躺在我身边奇形怪状
看着库里夫妇在我旁边喂着狗粮

他们都喊我佛祖
包工头应该学学我
就这样我行我素

两分钟的约定是我的迟到
两年后，你们还在等那份骄傲
我定会让你们尖叫

下赛季，我佛即将归来
你们将不再看到慈悲为怀
我的名字就叫作克莱

七言七语

写给雷霆三少

文／王小七

2007年，杜兰特空降苦寒贫瘠的西雅图，20胜；

2008年，威斯布鲁克随他一起开启雷霆元年，23胜；

2009年，哈登用探花全赛季替补场均9.9分低调入场，50胜。

“拳怕少壮”，是那几年人们最喜欢形容他们的词。

他们就像武侠小说里隐藏高人调教出弟子，莫名就扫得江湖一片狼藉。

然后，

2011年，西决，1：4败给生涯巅峰诺天王。

2012年，总决赛，1：4不敌卷土重来詹姆斯。

“雷霆万钧”，看起来开疆又拓土。

可事实告诉他们：不能只会六脉神剑不修内力。年轻不能横扫一切，天花板横在那里。

后来？

后来的故事有点悲凉：清风竟惹寂寥，豪情还剩了一襟晚照……

今天，雷霆三少，早已江湖退散。

分离看起来伤感，避无可避。

原来的“三少”，各自走到了不同的人生巅峰。

时间线拉长了再看：不破不立！

是不是真的是只有分开了，各自才能变成更好的自己呢？

七言七语

梦

UNIVERSAL STUDIOS
SCENE
TAKE
DATE
PROD.CO.
DIRECTOR
CAMERAMAN

我有一个深藏心底的梦想

这不是突发奇想，而是从小就有的梦想，而且也是一直的执念！

电影是生活的投影，曾经带给我快乐。现实生活中我不曾实现或者不能得到的东西，电影给予我馈赠。

于我而言，我相信电影更甚于相信生活。由于见过太多虚假，我宁愿在电影中寻找属于自己的心灵圣地。

关注平凡人的挣扎，这是我的初衷，也是我未来做导演的信念。我期待自己能成为一个发出光芒的人，可以持续带给这个世界温暖。电影就可以让我们与那些生命中的温暖不期而遇。

因为工作的原因，我每天都会跟镜头打交道，就有了更多与导演、摄影、灯光、调度、策划请教的机会。这坚定了我成为一名导演的信心。

随着心态的日渐成熟，我越来越懂得如何把控自己的生活，我也期待成为导演的那一天早点到来。

我的艺考之路

我曾经一度想要报考北京电影学院导演系，只不过被我妈扼杀了。

读高中的时候，我的成绩不是特别理想，又把大把精力放在了看球上，看不到进入大学校园的希望。我妈很惆怅。

高考就像一座大山一样矗立在我面前，我不能绕路，又翻越不过去。我就问我妈，要不走艺考这条路吧。

我妈是坚决反对的，她那么老派一个人，她的常识、认知以及固执，都绝不允许我从艺。她觉得从事表演行当，就是一碗青春饭，后半辈子朝不保夕，那得多可怜。尤其知道我想考北京电影学院导演系时，直接说我何德何能。

我气得摔了房门。一个人待在房间里，我还是坚持自己的想法。

我和我妈僵持几天，她最终妥协了，“要不你考播音主持吧！”这是她的底线，总不能不让我上大学吧。

我也妥协了，播音主持就播音主持，未来的路我自己蹚。况且，播音和影像，好像差得也不是太远。我选择了“曲线救国”的战术。

文化课和专业课要一起学，双管齐下，我压力山大。

那段时间，我开始忧虑未来：“如果真的考不上大学，我能干什么？我该干什么？”对未来的不确定与恐惧感，就像漫长的黑夜，我想寻到一点光，却发现无论哪个方向，都黑暗无光。

我只能拼命学习。

我当时第一志愿是中国传媒大学，然后又报考了天津师范大学的播音主持专业，我想着给自己留一条后路，万一中国传媒大学没考上，自己还能有其他选择。

从此，我们家多了一个疯狂诵念绕口令的疯子。

坡上立着一只鹅，坡下就是一条河。宽宽的河，肥肥的鹅，鹅要过河，河要渡鹅，不知是鹅过河，还是河渡鹅？

山前有个崔粗腿，山后有个崔腿粗。二人山前来比腿，不知是崔粗腿比崔腿粗的腿粗，还是崔腿粗比崔粗腿的腿粗？

老方扛着黄幌子，老黄扛着方幌子。老方要拿老黄的方幌子，老黄要拿老方的黄幌子，末了儿方幌子碰破了黄幌子，黄幌子碰破了方幌子。

为了练习发音和仪态，我常常在镜子面前一站就是几个小时，口中不断地大声重复着。一开始邻居不明所以，后来知道怎么回事儿了，就常常仔细听我到底说了些啥。楼上住的大爷听得多了，就忍不住来问我：坡上的那只鹅，最后到底有没有渡河？

那只鹅有没有渡河我不知道，但我渡过了两所学校专业课的大河。不得不说，北方人的普通话天然拥有优势。

上天是眷顾着我的。

为了准备专业课，文化课落下很多。我不想功亏一篑，于是请了家教到家

里恶补。

我所有的努力都为了要争一口气，我没有失去什么，但我觉得我的人生不能没有大学，我还要拍电影。

或许功夫不负有心人，或许天赋决定一切。我如愿以偿，完成了我的艺考，走上了我的“从艺之路”。也正是因为这条路，开启了我的另一扇门，大学、实习、主持人、NBA、库里……我的身份在改变着，我也在改变着。但是这条路没有关闭我的另外一扇门。

我的导演梦，不会结束，而是随时都准备着开始。

假如我现在就是一个导演，我想我会有如下的桥段。

五个礼物

送给父母

人间一场，相逢又别离，我们与大多数人都只是打个擦肩照面，而后再无交集。但也有些人，一经相逢，便是余生纠缠不断的缘分。人这一生要做很多角色，最后发现只有“孩子”最好做。

所以，生我养我的爸爸妈妈，是我第一个送礼的对象。

我很庆幸自己降临在这样一个家庭，爸爸妈妈虽然不是特别会赚钱，但他们踏实肯干，把最好的东西都留给我，并给予我衣食无忧的青葱年少快乐时光。

究竟是从什么时候起，我开始发现爸妈老了？

有一次，我出差回家，看到妈妈在照镜子，边照镜子还一边笑着。我很奇怪：一向不怎么注重这些的妈妈，怎么突然也照起镜子来了？我问她：“妈，你在高兴什么呢？”

妈妈说：“今天我出去的时候，她们说我看起来像40多岁。”

我说：“妈，你不就是40多岁吗？”

妈妈说：“你傻啊，我都已经50多岁了。”

我突然就沉默了，不知道从什么时候开始，无论是父母还是我们，都开始不愿意直面年龄这回事了，曾经以为爸妈还年轻，可转眼就已经年过半百，转眼之间，连我们自己都长大了。

长大后的我们，因为工作的原因，回家的次数越发少了，有时候甚至几个月都不回家，记得有次回家的时候，突然发现他们的头发白了，皱纹也多了，原来仔细想想，他们其实早就不再年轻。

每个孩子都相信来日方长，相信有衣锦还乡的那一天，可以从容尽孝。可惜我们都忘了，忘了时间的残酷，忘了人生的短暂，忘了生命本身有不堪一击的脆弱。

缘分再深也只有一世，所以我的礼物就是希望爸妈拥有健康。

送给科比

第二个礼物我要送给科比，如果时光可以倒流，我要他在2020年1月26日那天，待在家中思考午饭和晚饭分别吃什么。

没错，我送他的礼物就是禁足一天。

无论他在我面前如何撒泼打滚、威逼利诱，我都要关他禁闭。我想全世界都会赋予我这个权力。

科比对我来说，“亦师亦友”。我们虽然未曾见面，但他确实深深影响了我的价值观与人生选择。刚开始看球时，我被折服的第一个NBA球队就是湖人，我打心底崇拜的第一个NBA球星就是科比。

科比承包了我的青春期。

但现在，我们只能跟他好好地告别。再见了，科比。

眼泪是真挚的，有时也是廉价的。沉默是内敛的，也是有巨大力量的。科比的伟大必须得以再现，这才是对他最好的致敬。我希望有一天，会有人继承他的遗志。

我不能确定，如果当年看球时没有看到科比，我会不会从此就放弃了篮球？我还会从事NBA女主播这个职业吗？我或许也能做得不错，但还能被如此多人喜欢吗？

斯人已去，我们要继承的还是他的精神。曼巴精神只要在，科比其实也就有了不死真身。他可以千变万化，以不同的形式呈现在世人面前。

曾经我希望你稳重地打球，后来我希望你体面地退役，而如今，我希望你能赢了上帝再回来。

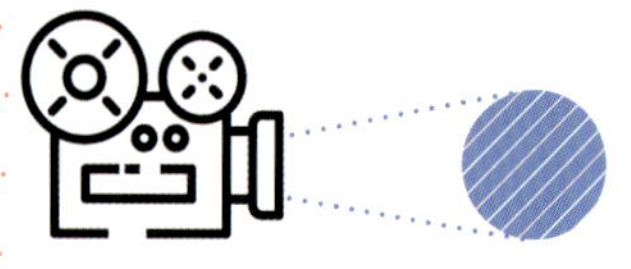

送给库里

如果世界上有一件事物可以让人奋不顾身，那一定是“家”。

不管你多么落魄，也不管你取得多大的成就，那里永远是你最愿意分享、最安全、最温暖的地方。

这是库里一开始就教会我的东西，所以第三个礼物当然送给他。

我希望库里永远光芒万丈。

库里当前的成就已经足够让他载入史册，但他的上限还远不止于此。他是金州的英雄，是勇士队历史上最出色的球员，更是我的英雄。但人们都渴望看见英雄，又喜闻乐见英雄被击倒在地，满脸是泥。

如今的库里正面临困境，人们对勇士队的期待日益成为他们的负担，专注于球场之上，库里还要面对球场之外的纷纷扰扰。

球场上的库里总是那样“不正经”，但他对“神经病一样的状态”的解释却是——那恰恰才是他最快乐的时候，也是他状态最好的时候。这个快乐至上的男人，我希望你的失落永远不超过三秒。因为一味地低沉，并不能帮助你夺回失去的东西。你要做一个开心的人，哪怕是正走在“复仇”的路上。

我从不怀疑人性的黑暗与下作，那些藏在暗处准备踩你一脚的人，他们迟早会踏空跌入万丈深渊。你曾经那么锐不可当，你未来依然万丈光芒。

宽大对待那些伤过你的人吧，那是你的成长。你的完善，可以驱散任何罩在你身上的阴影。

最后我想说，我给我的英雄加一个强力Buff，谁敢阻挡我？

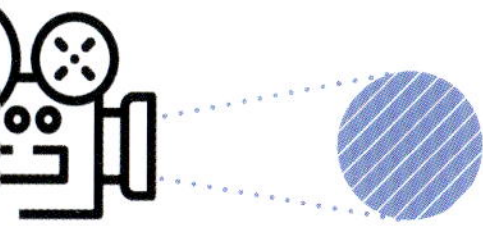

送给自己

2020年是非常复杂的一年，新冠肺炎疫情肆虐全球，NBA赛事也因为某些原因无法在中国播出。作为一个NBA女主播，我基本处于半停工状态。

这一年，我们经历过绝望，也看见过希望，遭受过苦难，也收获很多感动。

生活不会因为谁就网开一面，时间也不会为了谁而停滞不前。第四个礼物，我想送给自己——希望自己面对困境始终有前行的勇气。

回首过去的一年，我仿佛对人生有了新的理解，我的导演梦也更加强烈。

我们都曾想过要轰轰烈烈地走过一生，在同龄人中出类拔萃，成为父母的骄傲、行业的榜样，看遍世间美景，尝遍人间美食。然而现实却是，自己不过是芸芸众生中的一员，没有诗和远方。我们终归没有活成自己当初期待的模样。

但就是那样的真实，这就是每个人的生活。没有事事如意，尽是离合悲欢。

所以你迟早会明白，轰轰烈烈是人生的惊喜，平凡和不完美才是人生的常态。

闲暇时，和好友推杯换盏聊聊天；难过时，听听父母的唠叨，求个安慰；压力大时，家里有一盏为自己而亮的灯和一碗温热的饭。

这些看似平淡无趣的生活片段，都在真切地让我们体会着别样的温暖和爱意。

愿所有磨难终将过去，所有期盼皆会实现，在平凡的生活里，我们不忘记梦想，不丢掉勇气。

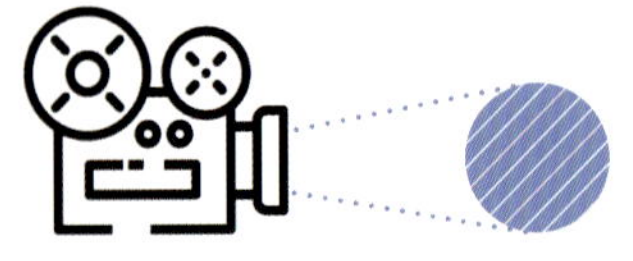

送给爱情

我们得承认，如今的爱情正在失去它应有的光彩，正变得平庸化与套路化。爱情变成了我们忙碌生活的一种放松方式，变成了一种有量无质的占有，变成了有点昂贵与费神的高级消费品。

在这个时代，我们钟爱的对象，越来越失去其本应有的丰满形象，而逐渐势利化了。在功利的世界里，我们忘记了爱情的模样。

所以最后一个礼物，我要送给爱情。

这种爱情，它不是为了获得性的满足，也非通往财富与权力的手段，它更看重的是一种心灵上的沟通和优雅的形式主义。

我很羡慕能够白头偕老的人，并渴望自己的爱情也是共剪西窗烛，白发又苍苍。我想沉溺于每一次心跳，我希望我的他勇敢又善良。

憧憬之余总是被现实无情打败，我常常听见、看见热恋中的男女，动不动就与最亲密的人发生口角，用最锋利的语言铸成一把匕首，不刺伤对方决不罢休。他们谁都没有在意，那些曾经脱口而出的尖酸刻薄早已在对方的心上划了一刀又一刀，并且刀刀致命。

多少人旧伤未好，再添新伤。如此周而复始，伤疤久久不能痊愈，心上便破了一个洞了。

多少人以爱的名义把对方摧毁？如果把人比作一朵花，那些口口声声说爱你的人，会把你摘下，而真正爱你的人，则会把你浇灌。

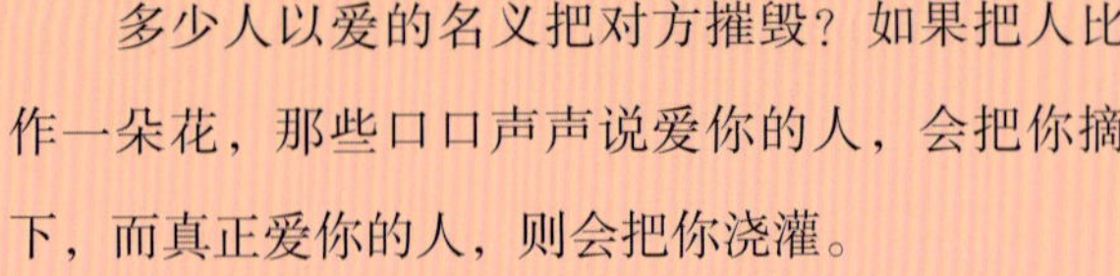

我就想找到浇灌我的人，嫁给爱情。

多巴胺老邮差

“多巴胺老邮差”，这是我造的一个词，原本想把它当作书的名字，但最终还是放弃了。

多巴胺，是我们开心快乐时候产生的东西，它让人幸福。

邮差，风雨无阻地送信，因为远方有了消息，就有希望。

老，是一种象征，这个时代已经没有老邮差了。我用一个“老”字，表达对这个职业的敬畏与祭奠。

我特别崇拜一个诗人，他就是“被缪斯的手指触碰过的”兰波。兰波的诗歌王国充满想象，他带友人进行神秘之旅，前往一个神秘国度，那里居住着魔法师、仙人、神、天使和精灵。

他在《语言炼金术》中写道：我总是在做梦，梦到十字军远征，不涉及他人的冒险旅行，梦到那没有历史的共和国，被镇压下去的宗教战争，风俗大变革，种族大迁徙，大陆移位。对这一切荒谬神奇，我都信而不疑。

是的，对这一切的荒谬神奇，我都信而不疑。我想用电影去关心普通人，关心真正的世俗生活。有些人把那些记忆忘记了，有些人认为那些记忆不重要，但那些对我来说很重要。我怀念他们，那些甚至被遗

NFL
DANGEROUS
PANDA

忘了名字的人，那些曾经在年轻时怀着理想，却最后归于沉寂的人们。

我常常会观察他们，也在不断地积淀自己。

在办公室闲下来，我就会看一看别人的办公桌，我想看看他们会在桌子上摆放什么东西，也基本可以看出一个人的喜好、性格或者人生态度。

大多数人都会放一些办公用品，也会有人摆一些新鲜的花朵，并配有一个好看的花瓶。你会发现，这些人，他们更加用心地在生活。

如今，我是一个“北漂”。尽管漂，但还是离家很近，我无法感同身受这个词背后的心酸与执着。有人“北漂”是为梦想，有人“北漂”只为生存。

偌大的北京城，有人走有人留，从来不会因为谁的离开伤感，也不会为谁的坚持感动，日出日落，年年如是。

这个世界上从来不缺少像自己这样的普通人，初出茅庐的自己一个人在用力坚持着，时刻保持着良好的状态，用心观察生活时，我们会发现每天早上都会有无数个像自己一样的人在向前奔跑，为生活挣扎，你从来都不是最孤独最可怜的那一个。

每一个人都有一个留在北京的理由，把无奈留在心里，坚持走下去，真的走不动的时候，也自然会有一个离开的理由。

这些平凡的普通人，他们努力生活的样子很让我动容。有朝一日，我要把他们拍进我的电影里。

星空在高高的地方，我们无法触及，却可以带给自己希望，就像未曾来到的恋人一般，你知道他会来，在此之前你就有更大的决心去生活，去把自己变得更好。

我们都是星星的尘埃，仰望星空能让我们沉静。生活中，在疲惫时静静地看一本书抚慰心灵，在杂乱的办公桌上放一盆花花草草，在疾驰的列车上看着窗外，静静地听一首音乐，都是在凡尘中最好的解脱。

我们都生活在阴沟里，

但总要有人仰望星空。

姓名：王小七

籍贯：天津市

身高：四舍五入差不多170

体重：目前45kg（谁能让我涨涨肉）

年龄：别问 这问题伤人

星座：贼拉好的巨蟹

毕业院校：中国传媒大学

爱好：可太多了

最喜欢的篮球明星：库里、科比

最喜欢的足球明星：贝克汉姆、杰拉德

最喜欢的篮球球队：金州勇士队

最喜欢的足球球队：英格兰队 利物浦

最喜欢的颜色：黄、蓝、白、黑

最喜欢的食物：垃圾食品（最近正在往健康方向发展）

最喜欢的饮品：之前是快乐肥宅水，现在是凉白开

最喜欢的游戏：王者荣耀（不过我啥都玩，这些年在游戏上氪的金有人能报一下吗）

最喜欢的歌手：周杰伦 空岛乐队（大脸猫的乐队，她逼我写的）

最喜欢的音乐：后摇

最喜欢的演员：我的女神 母亲大人（我家这位小公主戏老足了）

最喜欢的影视作品：《呆萌“骗吃骗喝”记》主演：我家呆萌

最喜欢的综艺节目：《中国诗词大会》

口头禅：诶！请打开语音交流！

人生格言：永远相信光！

最想实现的愿望：拍一部人文纪录片

ORANGE ORANGE ORANGE ORANGE ORANGE ORANGE
ORANGE ORANGE ORANGE ORANGE ORANGE

我要，摇滚

文/王小七

我很喜欢音乐，但我不曾想过，我会玩起摇滚。

因为工作的原因，我和朋友们组了一个乐队，而且是面对上千人的演出。

那一刻，我心潮澎湃，我热血沸腾。

我有模有样，与乐器，融为一体。

我不知道我和伙伴们的歌声，到底在哪个旋律。

我只听到，那歌声响亮，且又震动我的心扉。

粉丝们，举着我的灯牌，齐声呐喊。

哇哦，我好像就是一个拥有亿万粉丝的大

歌星。

那一刻，我置身其中，我飘向远方。

摇滚，是一个让人欲罢不能的形态，也是一个让人容易自我陶醉的方式！

我去尝试这件事，我想说自己很勇敢。

欢呼、激情……我想，我们就要尝试不一样的东西。

生活，事业，如果一味地循规蹈矩，

那你觉得枯燥吗？

三点一线的平淡，或许也是个不错的选择。

但是当机会摆在面前，我们何妨去试一试。

没有一颗敢于尝试的心，敢于摇滚的心，

何以摘明月？

因为试了，我成为NBA主播。

因为做了，我的摇滚也变为现实。

我几乎绞尽脑汁，写完这本书。

但是此时此刻，我觉得我很酷！

我要，摇滚！

七言
七语

NBA
KORG

PLAYOFF

图书在版编目（CIP）数据

七分酷 / 王小七著 . -- 北京 : 北京时代华文书局，2021.9
ISBN 978-7-5699-4267-5

Ⅰ . ①七… Ⅱ . ①王… Ⅲ . ①王小七－自传②篮球运动－运动员－介绍－美国
Ⅳ . ① K825.47 ② K837.125.47

中国版本图书馆 CIP 数据核字（2021）第 141118 号

七 分 酷

QIFEN KU

著　　者 | 王小七

出 版 人 | 陈　涛
选题策划 | 董振伟　直笔体育
责任编辑 | 周连杰
执行编辑 | 王　昭　马彰羚
责任校对 | 凤宝莲
装帧设计 | 程　慧　王艾迪
责任印制 | 訾　敬

出版发行 | 北京时代华文书局 http://www.bjsdsj.com.cn
北京市东城区安定门外大街 138 号皇城国际大厦 A 座 8 楼
邮编：100011　电话：010－64267955　64267677
印　　刷 | 小森印刷（北京）有限公司　010 － 80215073
（如发现印装质量问题，请与印刷厂联系调换）
开　　本 | 787mm×1092mm　1/16　　印　　张 | 15　　字　　数 | 240 千字
版　　次 | 2021 年 9 月第 1 版　　印　　次 | 2021 年 9 月第 1 次印刷
书　　号 | ISBN 978-7-5699-4267-5
定　　价 | 118.00 元